No 6.

監修者——木村靖二／岸本美緒／小松久男／佐藤次高

［カバー表写真］
メキシコ革命100周年記念切手のなかのビリャ(前左)とサパタ(前右)

［カバー裏写真］
戦場に向かう農民兵士たち
(シケイロス，国立歴史博物館，メキシコ)

［扉写真］
国立宮殿で民衆に囲まれたビリャとサパタ

世界史リブレット人75

ビリャとサパタ

メキシコ革命の指導者たち

Kunimoto Iyo
国本伊代

目次

ビリャとサパタを考察する意味

ビリャ(一八七八～一九二三)とサパタ(一八七九～一九一九)は、一九一〇年に勃発したメキシコ革命の伝説的英雄である。メキシコ国民だけでなくメキシコに関心をもつ外国人なら、誰もが知っている歴史上の人物であるといっても過言ではない。メキシコの子どもたちは、ビリャとサパタに関する多くの逸話を聞かされ、いろいろな行事に特有のスタイルであらわれるビリャとサパタの姿を見て育つ。学校で学ぶ歴史教科書でもかならず取り上げられ、ビリャとサパタが登場した時代背景と革命動乱期の活躍を学習するようになっている。

暗殺されてから九〇年以上の歳月をへているにもかかわらず、ビリャとサパタが現代においてもメキシコ人にとっては依然として英雄であり、国家権力への抵抗のシンボルとして身近な存在であり続けているのは、国民が権力に抵抗するときの精神的支柱となっているからであろう。一九九四年元旦に北米自由貿易協定（NAFTA）▲の発効に反対して武装蜂起した南部チアパス州の先住民の反乱軍はサパティスタ民族解放軍▲を名乗り、サパタ農民運動の後継者であることを宣言し、政府に対して武力による抗議行動を起こした。普通の農民のデモにおいてもビリャとサパタは現在でも横断幕やビラにシンボルとして登場する。一九一〇年代のメキシコ革命の動乱期に農民・民衆の立場で戦って暗殺されたビリャとサパタが、今日でもメキシコの国民的英雄であることの意味を考察することは、メキシコの歴史と社会を理解する一助となろう。

　ビリャとサパタは、極貧状態で生きる農民と民衆のために闘ったメキシコ革命の重要なリーダーとして紹介される。しかし彼らは自らの信念によって社会のあり方を変えようとして立ち上がったわけではなかった。ビリャもサパタも、メキシコという一つの国のあるべき姿や国家の将来を展望するほどの知識や世界観をもっていなかったからである。しかし不条理な権力に対して抑圧された弱者の側に立って戦い、武力抗争の過程をつうじて社会変革をめざす闘士へと

▼北米自由貿易協定（NAFTA）　メキシコ・アメリカ・カナダの三国間で提携された自由貿易協定で、一九九四年元旦に発効した。

▼サパティスタ民族解放軍　南部チアパス州の先住民が「メキシコ農業の崩壊をもたらす」と北米自由貿易協定に反対して一九九四年元旦に武装蜂起。国内外の支援を受けてメキシコ政府の軍事的制圧を牽制した事件。

▼**護憲主義勢力**　一八五七年に制定された自由主義憲法の擁護を主張した勢力。同憲法は個人の自由を尊重し、カトリック教会が保有する植民地時代からの特権と政治・経済・社会に対する強大な影響力を廃止・制限した。

成長し、変革の嵐を全国に巻き起こすことに貢献した。ただしサパタもビリャも革命闘争の過程で一度はともに闘った護憲主義勢力▲によって暗殺され、革命の成果を自らの目で見ることはかなわなかった。

ビリャとサパタが国際的に広く知られている理由の一つに、二十世紀初頭が黎明期でもあったカメラとマスメディアの存在があげられる。メキシコ革命は、諸外国から送り込まれた特派員とカメラマンによって臨場感あふれる写真と記事で国際的にも紹介されたからである。またビリャとサパタは映画の格好の主人公となり、メキシコ国内だけでなくアメリカの映画製作の本場であるハリウッドでも数多く制作された。二十世紀後半のテレビの時代になるとさらに数多くのドラマがつくられて、二人はメキシコ人にとっていっそう身近な存在となった。しかしこれは一方で、ビリャとサパタの虚像が強調されて流布することにもつながっている。ビリャは勇敢・豪快・無慈悲・残虐・陽気で女好きの典型的なメキシコ人として紹介され、気分しだいでピストルを乱射して相手を撃ち殺す無法者あがりの革命家とされた。一方サパタは、寡黙で生まれ育った土地に執着する農民の代表として描かれることが多い。また二人は、政策や展望

メキシコ革命一〇〇周年記念切手の中のビリャ（前左）とサパタ（前中央）

などを描く知識のないままに不正を糾弾する無知な民衆の代表としてメキシコ革命で闘った英雄とされた。

本書ではこのようなステレオタイプ化されたイメージとは異なるビリャとサパタの実像を取り上げ、メキシコ革命で二人がはたした役割を客観的に紹介しよう。たしかにビリャもサパタも明確な国家観や歴史観をもつほどの教育も知識ももたなかったが、有能な知識人たちをつねに身近において重用した。ビリャとサパタの歴史的意味は、社会の底辺で搾取と貧困に苦しむ農民と民衆の力を結集して、護憲主義に固執し理想主義に走る自由主義勢力を抑えたことである。その結果、革命運動の方向は「農民的革命運動」へと変った。

①—メキシコ革命におけるビリャとサパタ

メキシコ革命とは

「メキシコ革命」を理解するには、そもそも「革命」とはなにかという基本的な問題からはいり、ビリャとサパタが活動した革命動乱期の意味を理解する必要があろう。なぜならビリャもサパタも既成の社会秩序を破壊する暴力的な闘争の過程で活躍したが、二人とも破壊後の国家再建について明確な思想をもたず、さらに旧秩序破壊後の再建段階にはいる前に暗殺されてしまったからである。

「革命」とは、簡潔にいえば「国家権力層に支配・抑圧された人びとが暴力でその権力を奪い、社会体制を急激に変革すること」である。王政を倒して共和制を樹立したフランス革命、同様にして社会主義国家を建設したロシア革命や中国共産党革命、さらに独裁者を倒して社会主義体制を採用したキューバ革命では、国のあり方を根本的に転換するための破壊活動ののちに新しい社会秩序にもとづく国家建設がなされた。これらの革命と比べると、「メキシコ革命」

は急進的な改革に取り組んだものの、「革命」と呼べるような社会秩序の激的な変革を成しとげたわけではなかった。

「メキシコ革命」は、二十世紀初頭のメキシコ社会に不満をもったさまざまなグループがそれぞれの理由により「時の権力者ディアスの独裁体制」への異議申し立ての手段として武力闘争に訴えたことに端を発した。そしてディアス体制の基盤でもあった一八五七年の自由主義憲法の精神である「自由と正義」を基軸にした権力闘争の延長線上で終結した。その結果、成立した一九一七年の「革命憲法」は、武力闘争の過程で顕在化した農民の要求である土地問題や労働者の権利に言及した、当時としては先進的な条文を盛り込んだものの、動乱期の諸勢力の要求にも妥協して一八五七年憲法を一部修正したものにとどまった。

このように社会のあり様を根本的に変える「革命」とならなかった原因は、「メキシコ革命」が十九世紀初頭の「独立革命」（一八一〇〜二一年）と十九世紀中葉の「レフォルマ革命」（一八五四〜七六年）の延長線上に位置づけられるからである。「独立革命」はスペインによる植民地支配からの解放を達成したが、

▼ポルフィリオ・ディアス（一八三〇〜一九一五）　オアハカ州出身。レフォルマ戦争で自由主義勢力に参加して戦い、フランス干渉戦争で活躍して国民的英雄となる。一八七六年に武力で政権を掌握し、一期を除き一九一一年まで長期政権を保持した。

▼革命憲法　一九一七年二月五日に公布された現行憲法。八二頁参照。

レフォルマ革命　リベラが国立宮殿の階段壁面に描いた「メキシコ国民の闘い」の歴史絵図。

少数の特権階級とカトリック教会によって支配された社会と経済の仕組みを根本的に変えることはなかった。この状況を変革したのが「レフォルマ革命」である。レフォルマとは改革を意味し、独立革命が達成できなかった植民地体制の徹底した排除をめざした改革の政治を実行した。熾烈な内戦（レフォルマ戦争）をともなったが、国教であったカトリック教会が保有していた特権を剥奪し、その膨大な資産を接収して個人に売却し、個人の自由を最大限に認める自由主義体制を追及した。

「メキシコ革命」では、政教分離の徹底と政治の民主化を求めて独裁体制に抗議した自由主義者たち、近代化をめざした教育制度の整備によって出現したが展望を開くことができなかった新しい中間層、私有権を第一義的に尊重する資本主義的土地所有制の導入によって破壊された伝統的な村落共同体を守ろうとした農民集団、極悪な労働条件のもとにおかれた労働者グループなどが、それぞれの要求を掲げてほぼ同じ時期に反乱蜂起したが、政治・経済・社会を体系的に一貫して変革する「革命」へと発展させることはできなかった。そして自由主義憲法の擁護を掲げる護憲主義勢力によって革命動乱後の体制づくりが

▼フランシスコ・I・マデロ（一八七三〜一九一三）　コアウイラ州出身。一九一一年十一月から一三年二月まで立憲大統領。

▼ベヌスティアノ・カランサ（一八五九〜一九二〇）　コアウイラ州出身。一九一七年五月から二〇年七月まで立憲大統領。

おこなわれたが、革命思想を説き先頭に立って戦う指導者が当時のメキシコには存在しなかった。

しかし「メキシコ革命」という用語はメキシコ国内だけでなく国際的にも定着してすでに長い歳月がたっている。そして総人口の約一割を犠牲にした内乱をへて制定された一九一七年の「革命憲法」をもとに、半世紀以上にわたってその基軸を大きく変えることなく現代メキシコが建設された。このような流れを受けて、以下ではカッコをはずしたメキシコ革命として話を進めよう。

狭義に解釈されるメキシコ革命は、三五年におよんだディアス独裁体制（一八七六〜一九一一年）の打倒をめざした一九一〇年のマデロ▲による武装蜂起に始まり、一九一七年の革命憲法の制定をへてカランサ▲大統領が暗殺された一九二〇年に終わったとされる。この狭義のメキシコ革命は、より広義の革命論では「革命動乱期」と位置づけられている。一方、広義に解釈するメキシコ革命は、広大な国土が地形的にも社会的にも分断されていた当時のメキシコ国内各地で武装蜂起したカウディーリョと総称される地域領袖が率いる諸勢力の利害を調整する政治体制を確立し、カトリック教会の特権を徹底的に剥奪し、メキシコ

▼**ラサロ・カルデナス**（一八九五〜一九七〇）　ミチョアカン州出身。一九三四年から四〇年まで立憲大統領。

経済を支配していた外国資本の国有化と大規模な農地改革を実施したカルデナス▲政権（一九三四〜四〇年）の終了をもって終結したとされる。

さらに、メキシコ革命を特徴づける理念を成文化した現行憲法でもある一九一七年の革命憲法の第二十七条（土地）、第一二三条（労働）、第一三〇条（宗教）のうち第二十七条と第一三〇条が大幅に改変された一九九二年の憲法修正をもって、メキシコ革命は終結したとする見解もある。ビリャとサパタが活動した時期は、狭義のメキシコ革命期であり、広義のメキシコ革命の動乱期にあたる。

メキシコ革命を引きおこした原因

メキシコ革命を引きおこした直近の原因は、マデロ運動と呼ばれるマデロの政治の民主化要求運動である。マデロ運動は、北部コアウイラ州の大土地所有者マデロ家の長男であるマデロが独裁者ディアス大統領の七期目の連続再選を阻止するために起こした政治運動であった。マデロ家はディアス時代のメキシコの十大財閥の一つに数えられた北部コアウイラ州の大富豪で、広大な棉花プランテーション・銀行・鉱山などを所有する特権階級の一族である。長男のフ

チワワ州の再選反対党とマデロ（椅子に座っている人物）

ランシスコはアメリカとフランスで教育を受け、父親の所有する農園の一つを経営していた。そのマデロが革命勃発の引き金を引くことになる背景には、一九〇八年にディアス大統領自らがアメリカの雑誌記者のインタビューで語った一九一〇年の大統領選挙には立候補しないという「引退宣言」があった。この宣言を受けてマデロは『一九一〇年の大統領継承』と題する本を出版して政治の民主化の必要を説き、やがて一九一〇年の大統領選挙に立候補することを決意して再選反対党を設立した。そしてマデロの全国遊説によってその主張に賛同する再選反対党支部が各地に結成された。

マデロ運動は、ディアス独裁体制のもとで強化された抑圧の政治、土地所有形態の激変と農村の土地問題、絶対的貧困層を拡大させた外国資本に依存する経済開発、そして正義なき社会をつくり上げた独裁体制への反発などを顕在化させて、農村部から都市部にいたる全国規模の反独裁者運動へと発展した。一方、このような諸勢力の反乱の背景には共通した要因があった。それはディアス独裁体制下で奪われた個人の自由と地方自治権であり、無視された正義と公正である。しかし独裁体制打倒の闘争方法は、それぞれの地域の歴史と社会

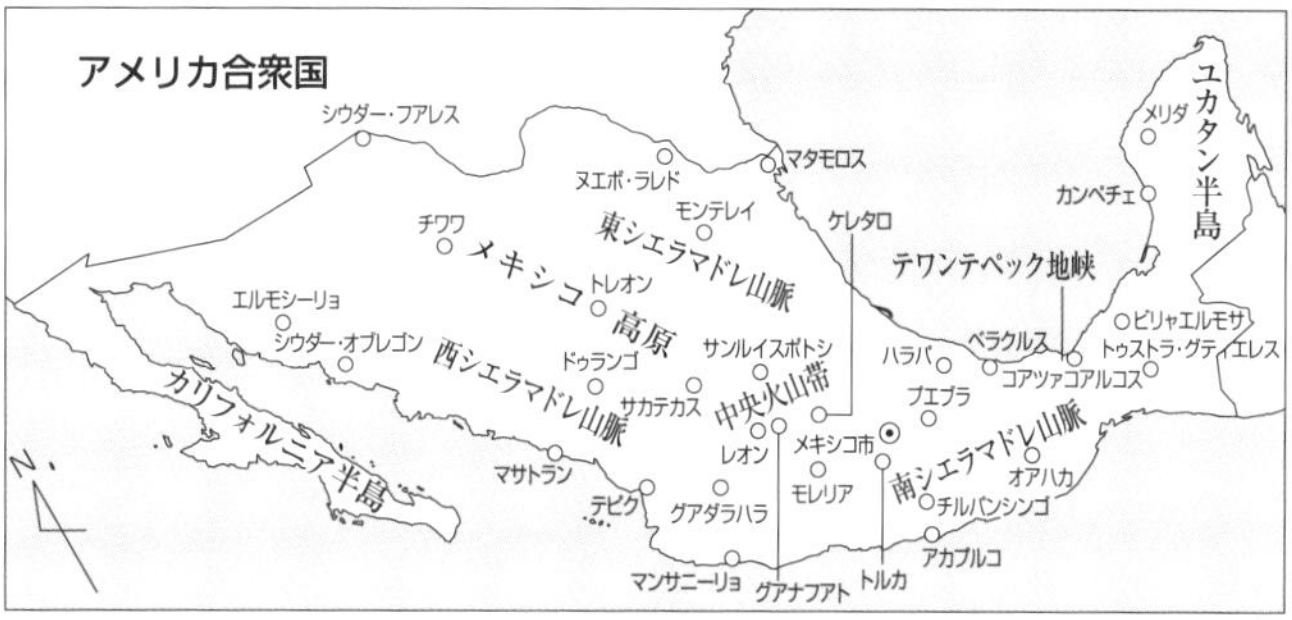

メキシコの都市と地勢

的・経済的構造によって異なった。ビリャ勢力に代表されるメキシコ北部とサパタ農民勢力に代表される南部および中部がその典型的な例である。

ディアス独裁体制打倒の運動が全国規模の民衆運動へと拡大した背景には、ディアス時代に進展した政治・経済・社会の変化が地域社会を極度に圧迫し、国民の圧倒的多数を困窮に追い込んだという共通の状況がある。メキシコは一八二一年のスペインからの独立後、半世紀以上にわたり政治の混乱と経済破綻を経験し、ディアス独裁体制の確立によってはじめて政治が安定して経済的発展をとげたが、その変化は各地域の資源開発の状況によって異なった。ビリャがおもに活動した北部は広大な半砂漠地帯であるが、石炭・銅・鉄鉱石などの鉱物資源に恵まれ、独裁体制下で治安が改善されると外国資本がそれらの資源の開発に参入した。また人口が極度に希薄であった北部の荒野は粗放の牧畜が可能であり、輸出用肉牛のための牧場が国土開発計画の優遇措置を受けて広大な土地を私有化したことから、地域社会と既成の秩序が急激に変化した。すなわち広大な荒野に出現した大牧場は既存の独立自営農民から土地を奪って労働者として取り込み、開発された鉱山は内外からの移民労働者を雇った。そのな

ディアス時代に牧畜・商品作物の栽培・鉱物資源の開発が拡大した州

▼アシエンダ　植民地時代に形成された大規模な土地所有形態で農村組織の基盤となり、その多くが十九世紀に商品作物を栽培する大農園になった。

かには日本人も集団で雇用されていたし、アメリカ人鉱山労働者も多数いた。

一方、先住民人口が多い中央部と南部は北部とは異なっていた。植民地時代以来アシエンダ▲と呼ばれた伝統的な大農園と村落農民が共存してきたこれらの地域では、ディアス時代に輸出用商品作物であるコーヒー・砂糖・エネケン(サイザル麻)などの生産に特化すると、伝統的な共存関係が破綻した。ディアス時代に一大砂糖生産地となったモレロス州におけるアシエンダと村落農民の関係の悪化はその典型的な例である。アシエンダの拡大が周辺の村の共有地を侵害し、農民から土地を奪い、彼らを小作人や日雇い農業労働者ペオンに変えた。

ディアス時代の国土開発は領土の約四分の一が少数の大土地所有者に帰属し、外国資本による経済開発はメキシコの富を欧米先進諸国に売り渡すと同時に絶対的少数派のメキシコ人を超富豪にしたにすぎなかった。鉱山開発と鉄道建設が進み、軽工業が発達すると新たな雇用が創出されたが、労働者たちは経済発展の恩恵を受けることなく過酷な労働環境のなかで働かされた。その一方でディアス時代には、欧米をモデルにした近代化を進めて公教育制度が整備され、新しい中間層と知識人たちが育っていった。このようなディアス体制がもたらした経済的・社会的変化が革命運動勃発の背景にあった。

　ディアス独裁体制の打倒をめざして最初に立ち上がったのは、言論の自由と政治の民主化を求めたフローレス＝マゴン兄弟を中心にして一九〇五年に結成されたメキシコ自由党▲である。高等教育を受けながらディアス体制下の経済繁栄の恩恵を受けられなかった若者たちが変革を求めて組織したメキシコ自由党は、工場や鉱山の労働者の待遇改善をめざしたストライキを指揮し、弾圧されて逃亡した亡命先のアメリカから独裁者打倒の運動をおこなった。彼らが発行して密かにメキシコ国内で頒布された機関紙『レヘネラシオン』(「再生」を意味する)は農村の知識人の間においても読まれ、とりわけ初等教育の義務化によって地方に派遣された教師たちがこの新しい変革運動の教導者となり、彼らをつうじて農民の指導者層にも伝わっていった。しかしメキシコ自由党は革命運動を起こすほどの起爆力をもてなかった。

　一方、土地を奪われた農民の土地返還要求運動はいつの時代でもメキシコ各地で発生した。二十世紀初頭の土地問題では、商品作物を栽培するアシエンダやプランテーション▲の拡大によって周辺の村落共同体との軋轢が深刻化すると

▼メキシコ自由党　二十世紀初頭の急進的自由主義者グループが亡命先のシカゴでフローレス＝マゴン兄弟らを中心にして設立し、メキシコを変革するための綱領を一九〇六年に発表してディアス独裁者打倒の運動をアメリカから働きかけた。

▼プランテーション　十九世紀後半に商品作物を栽培する目的で形成された大規模所有地。

同時に、外国資本による土地の集積が顕著となり、全国各地で抗争が絶えなかった。オロスコとモリーナ＝エンリケスはディアス時代の深刻化する土地問題について警鐘を鳴らした人物である。弁護士のオロスコは、一八八三年に公布された拓殖法の問題点を九五年に出版した『荒蕪地《こうぶち》に関する法律と判例』という本の中で指摘した。荒蕪地とはスペイン植民地時代に王権が土地の所有権を認めて付与した証書のある土地を除く所有者不明の土地を指し、独立以降には所有権が不明な土地はすべて荒蕪地、すなわち国有地としてあつかわれた。オロスコの本は法制史とも呼ぶべき性格のもので農地改革を求める目的で書かれているわけではないが、独立後に何度も公布された拓殖法と総称される法律のもとで所有権が不明瞭な土地を再分配する政策過程を解説し、ディアス政権の一八八三年の拓殖法がもたらす問題点を提示した。一方モリーナ＝エンリケスは、革命勃発直前の一九〇九年に『メキシコの抱える問題』というタイトルでディアス時代末期のメキシコが直面していた諸問題を広く取り上げ、農村の実態を紹介することによって土地問題の解決策が国家的課題であることを訴えた。国民の七〇％が農村で暮らし、農民の九八％が土地を所有していなかったディ

▼W・L・オロスコ（一八五六〜一九二七）　ハリスコ州出身の弁護士。ディアス政権の土地政策を批判して投獄される。のちサンルイスポトシ州で農民の土地紛争にかかわる訴訟を数多く手がけ、全国的にその名を知られた。

▼アンドレス・モリーナ＝エンリケス（一八六八〜一九四〇）　メキシコ州出身の弁護士。有力紙に社会経済に関する評論記事を多数掲載。マデロが農地問題を取り上げないことを批判した。

▼拓殖法　未開発の土地に移住者を誘致した一連の法律の総称。各法律はそれぞれ名称を有している。一八八三年の拓殖法の正式名称は「入植および未開地の測量分割に関する法律」である。

アス時代末期のメキシコにおいて、土地の極度の不公平な配分がいかに深刻な状況にあったかをモリーナ＝エンリケスは指摘している。

ビリャとサパタが活動した革命動乱期

ビリャとサパタが活動した革命動乱期は、ディアス体制の保持をめざす守旧派が革命勢力と対決し、熾烈な内戦を展開した時期である。しかしディアス独裁体制打倒という目標で一致した革命勢力の実態はいくつもの派閥勢力の集合体であり、結集した諸勢力は分裂と対立を繰り返し、最終的にカランサの率いる護憲派勢力▲が実権を握った。ビリャとサパタはこの諸勢力の結集と分裂と対立の過程で勢力を拡大し、農民・民衆の求める自由(自治)と土地を要求して護憲派勢力とともに戦い、やがて対立して決別した。そしてその対決のなかでビリャ勢力やサパタ勢力が求めるものを取り込んで革命憲法を制定したのが護憲派勢力である。このような革命動乱期に国内を三分割するほどの勢力を築いたビリャ、サパタ、カランサはその後いずれも暗殺されたが、それぞれの勢力の盛衰と改革への道のりは、次のような五つの段階に整理される。

▼**護憲派勢力**　一八五七年の自由主義憲法を擁護したマデロの政治の民主化の主張を受け継ぎ、メキシコ革命動乱期にウエルタ軍事政権に反対して蜂起したカランサを中心とする護憲主義を主張した勢力の総称。

▼**サンルイスポトシ綱領**　ディアス大統領の辞任要求と改革案を提示して全国民の蜂起を促した、マデロが一九一〇年十月七日に発表した声明文。

▼**アブラム・ゴンサレス**（一八六四～一九一三）　チワワ州の自営農民・革命家。チワワ州のマデロ運動を主導し、マデロ政府の内務大臣を務めたが、暗殺された。

第一段階は、一九一〇年の大統領選挙をめぐってディアスの再選をはばもうとするマデロの再選反対運動に結集した全国各地の政治の民主化を要望する勢力がマデロの飛ばした檄文「サンルイスポトシ綱領」▲を受けて武装蜂起した十一月二十日から、ディアス大統領が亡命した翌年五月二十五日までである。マデロは選挙が実施される前に逮捕され、選挙後に釈放されてアメリカ合衆国に亡命した。そして亡命先のテキサス州サンアントニオから十一月二十日にディアス打倒の全国一斉蜂起を促す「サンルイスポトシ綱領」を発表した。全国で一斉に武装蜂起が起こったわけではなかったが、各地で独裁者ディアス打倒の蜂起があいついだ。これは後述するように、ディアスの再選反対運動をつうじてすでにマデロ運動が全国の知識人の間に浸透していたからである。北部チワワ州のA・ゴンサレス▲は再選反対党の州支部のリーダーであった。このA・ゴンサレスに誘われて武装蜂起に参加したのが、政治の民主化にも農地問題にも格別の問題意識をもっていなかったビリャである。一方、ディアス時代に一大砂糖生産地へと変貌し、大農園と村落農民の間で深刻な土地問題をかかえていた南部モレロス州では、すでに農民たちが武装して奪われた土地を取り戻そうとしていた。このモレロス州の農民運動がマデロ運動を支持したのは、マデロの「サンルイスポトシ綱領」が土地問題に言及していたからである。マデロの蜂起は北部諸州や南部モレロス州の武装蜂起に支援されてディアス大統領を国外へ亡命させるのに成功した。

第二段階は、マデロが首都に凱旋した一九一一年六月から、一三年二月に副大統領とともに暗殺されるまでの約一年半である。マデロ運動でディアス打倒勢力の一翼を担ったビリャとサパタは、この間の政治の民主化を担う主力勢力とはならなかった。ビリャはマデロが実権を握った連邦政府の陸軍幹部ウエルタ将軍▲と対立して北部チワワへ逃れ、サパタは農地問題の解決を優先課題とすることを拒むマデロに対して一九一一年十一月二十八日に「アヤラ綱領▲」を発表してマデロと決別した。やがてディアス独裁者を追放した国民的英雄マデロは、一九一三年二月八日に発生したウエルタ将軍が仕組んだ「悲劇の一〇日間」として歴史に残るクーデタで暗殺された。

第三段階は、マデロ大統領を葬ったウエルタ将軍の反革命勢力に対して北部コアウイラ州の知事カランサが一九一四年三月二十八日に発表した「グアダル

▼ビクトリアノ・ウエルタ（一八四五〜一九一六）　ディアス時代の職業軍人。十九世紀末ユカタン半島のマヤ族の反乱を討伐。革命勃発後は連邦政府軍の指揮をとり、クーデタで実権を握る（一九一三〜一四年）。

▼アヤラ綱領　サパタらモレロス州の農民勢力が十一月二十八日に宣告した、マデロ大統領の否認と農地改革案を提示した声明文。

▼グアダルーペ綱領　一九一三年三月二十六日にカランサがウエルタ政権打倒を全国民に呼びかけた声明文。武力による政権掌握に反対し、一八五七年憲法の遵守を掲げ、自ら護憲主義勢力第一統領を名乗った。

ーペ綱領」▲の呼びかけに呼応して結集した勢力がウエルタ政権の打倒に成功した一四年七月二十五日までである。ビリャはカランサを支持して護憲派勢力側についた。この過程でビリャはその豊富な軍資金とカリスマ性によって武装勢力のなかで最強の北部師団を率いる領袖となった。一方、サパタはマデロと決別する原因となった農地問題を「アヤラ綱領」という明確な農地改革案として掲げ、独立した南部ゲリラ勢力を率いるリーダーとなっていた。

第四段階は、ウエルタが亡命した一九一四年七月から翌年七月にいたる約一年間である。この間にウエルタ政権を打倒した護憲派勢力を率いたカランサが一九一四年十月に諸勢力の武将とその代表を集めた会議を開いた。しかしその過程で反ウエルタ勢力として結集した諸勢力がふたたび分裂し、とりわけカランサとビリャの確執が顕著となり、交戦を繰り返して最終的にカランサ派が勝利した。この時に開催された武将会議は、はじめメキシコ市で開催され、のちに中立の地アグアスカリエンテスに会議場を移しておこなわれた。しかし後述するように、この武将会議は自由主義改革を優先課題とするカランサ派に対して農地問題を重要視する勢力が「農地問題を革命の最重要課題」とすることに

立憲大統領時代のカランサ

成功した革命の分岐点となった。そして諸勢力はふたたび分裂し、ビリャ・サパタ同盟勢力がカランサ派と対立し、カランサ派がベラクルスに撤退しながらも巻き返しをはかって各地で激戦を展開し、最終的に実権を握った時期である。

第五段階は、カランサ派がビリャ派に戦場で圧勝した一九一五年後半から護憲派勢力の内部権力闘争によってカランサが暗殺される二〇年までである。この間のカランサはメキシコの事実上の政府としてアメリカに認められ、カランサ暫定政府が制憲議会を開催し、一九一七年二月五日に発布された革命憲法のもとでカランサは立憲大統領となった。しかしこの間もビリャとサパタの率いる反カランサ勢力はゲリラ戦を続けた。ビリャは北部チワワ州を中心にゲリラ戦を展開し、サパタはカランサ勢力とビリャ勢力が激しく交戦していた一九一六年末まで比較的平穏な状況にあったモレロス州内の農地改革を推進した。しかしビリャ勢力を追い詰めたカランサ暫定政権が一九一六年末からサパタ勢力に対して全面的な討伐作戦を展開したことでサパタ勢力もまた追い詰められ、一九一九年のサパタの暗殺によって崩壊した。ビリャが殺害されるのは連邦政府との和平協定を結んで引退したのちの一九二三年である。この間の一九二〇

ディアス時代の貧しい南部農村の光景

年にカランサは護憲派勢力の内部対立によって暗殺された。

革命動乱期の民衆と武装闘争

革命にともなう動乱は約一〇年におよび、戦場となった国土は荒廃した。人的喪失も大きく、この間に人口の一〇％を失った。とりわけビリャ派の活動の拠点となったチワワ州と、サパタ農民運動が激しくゲリラ活動を展開したモレロス州の人口は、この同じ期間に人口の二五％を失っている。その多くは戦場で戦死したゲリラ兵士や政府軍に所属する兵士であったにしても、内乱により民衆がこうむった被害は人的にも経済的にも極めて大きかった。

国勢調査によると、革命が勃発した一九一〇年のメキシコは農村人口が支配的な農業国であった。総人口一五一六万人の七一％が人口二五〇〇人以下の農村に住んでおり、人口二万人以上の都市に住んでいたのは総人口の五％弱に当たる約七一万人にすぎなかった。首都メキシコ市をはじめとして各州都では、ディアス時代をつうじて建設された近代的な公共建造物や劇場が市街地の景観を大きく変えていたが、農村では大農園主の館を除くと農民の住居は一部屋だ

グループで戦場へ向かう民衆

けの粗末な小屋が一般的であった。農村人口の世帯主の八八％近くが土地をもたない農業労働者ペオンか小作人であり、残りの一二％足らずが小規模自営農で、統計上にほとんどあらわれない〇・〇四％にも満たない八三〇名が大農園アシエンダの所有者であった。全国が均質的な農村部を形成していたわけではないのでこれらの数字から農村社会を一般化することはできないが、人口の約七〇％が農村人口で、その圧倒的多数は土地をもたない農民であり、アシエンダやプランテーションで働いていたであろうことが容易にわかる。全国が革命動乱に巻き込まれて農園主が脱出するとペオンたちは解放されたが、解放されても彼らは自力で生きていく手段をもたなかった。このような農民たちの多くが反乱する武装勢力の兵士となり、戦死していった。

ディアス時代の軍隊は徴兵制で、国軍の兵士の多くは政府軍が占領した地域で強制的に徴用した民衆だった。しかし政府軍のもとで戦うよりは有力な領袖のもとに参加するほうが命を長らえると一般に考えられ、地元に残っていても連邦政府軍によって徴用されるか食料などを強奪されるという状況のなかで、失う資産がなにもなかった人びとは生き延びるためにより強い武将のもとに集

ソルダデーラ　ソルダデーラ（女性兵士）と呼ばれた、軍隊と行動をともにした女性たちの大多数は、個々の兵士を裏方で支える妻や恋人であったが、大佐や将軍と呼ばれて兵力の先頭に立って戦った女性兵士もいた。

▼フェリペ・アンヘレス（一八六九〜一九一九）　ディアス体制下の職業軍人。士官学校長。フランス留学から帰国後サパタ農民勢力の制圧を命じられる。離任して護憲派勢力に参加。ビリャ軍の参謀となる。

まった。民衆の多くは日当を払う有力な大領袖のもとで戦うことを選択した。そのうちの最有力武将がビリャである。

　一九一四年から一五年にかけて兵力八万を集めて最強の軍団となったビリャの率いる北部師団は「移動する町」とも呼ばれ、民衆の生活のすべてをまとめて戦場を移動した。列車で移動するときも、徒歩で移動するときも家族がついていった。通常、日当で雇われた兵士たちの食べ物を調達し、料理し、傷を負った兵士を看護するのは兵士たちに寄りそって革命軍に参加した家族であり、女性たちであった。ソルダデーラ（女性兵士）と呼ばれたが、その圧倒的多数は兵士ではなく兵士たちの妻や恋人であり、従軍女性群と呼ぶべき女性たちである。各地の地域領袖たちが集めた農民兵士は近代的な軍隊としての規律・訓練・兵站・治療などとはおよそ無関係であった。ビリャ軍が最強の軍団となりえたのは、連邦政府軍の有力な将軍アンヘレス▲を参謀にむかえて農民兵部隊とは別に正規軍に匹敵する規律と兵站を備えた精鋭部隊を組織したところにあった。それを可能としたのはビリャが、接収したアシエンダからえた財貨と放牧されていた家畜を捕獲・売却して調達した資金で、隣接する国境の北のアメリ

貨車の屋上で移動する兵士と家族

カ側から武器弾薬を容易に入手できたからである。

サパタ農民軍が活動したモレロス州は北部諸州とはかなり異なっていた。面積が二番目に小さな州(四九六四平方キロ)の農地面積の九〇%を大糖業アシエンダが占め、砂糖の生産量が全国の四〇%を占めるメキシコ最大の砂糖生産地域となっていたモレロス州では、アシエンダと村落共同体の数百年におよぶ共存関係が大きく破綻していた。しかし農民の土地への執着は変わらず、自分たちの生まれ育った土地から遠隔の地にでることはなかった。サパタを総司令官とする参謀本部がおかれ、その指揮下で多くの首領が率いる部隊の兵力は地元の農民であった。彼らは平穏な時期には農作業にもどり、とりわけ作付けや収穫期には戦場を離れる農民ゲリラ兵士たちであった。またビリャ軍が長距離を列車で移動したのとは対照的にサパタ農民軍が遠征することはほとんどなく、モレロス州とその周辺地域で戦った。またサパタ軍が活動した内陸部のモレロス州では、ビリャ軍のように武器弾薬を調達することは容易ではなかった。

ビリャ軍とサパタ軍の例でみたように、広大な国土から成るメキシコの農村部はディアス時代に急速に発展した特定の商品作物を生産するプランテーションの有無と地域社会の歴史によって、勃発した革命が民衆に与えた影響は大きく異なった。北部一帯は人口希薄な半砂漠地帯で、広大な土地に粗放の牧畜をいとなむ大土地所有者に依存して暮らす農民や牧童の多かったチワワ州や、灌漑設備を整備した棉花生産地のプランテーション、銅・石炭・鉄鉱石などを産出した鉱山に仕事を求めて人々が移動してきたコアウイラ州やソノラ州では、共同体意識はほとんどなく、騒乱が起こると住民は容易に移動した。このような北部と対照的だったのが人口の多い伝統的な農村地帯で人の移動が少ない中央部と南部であり、その代表的な例の一つがモレロス州であった。

全国的にみると都市部に住む民衆は、武装勢力が都市を占拠しないかぎり、比較的安泰な生活を送ることができた。その代表的な例は首都メキシコ市である。局地的な市街戦は起こったが、動乱期をつうじてみるともっとも安泰であったのが首都である。ただし首都メキシコ市もカランサ政府軍が撤退してビリャ軍とサパタ軍に占領された一九一四年から一五年にかけて危機的状況に陥ったことがあった。市街地への給水がとまり、燃料の薪炭と食糧が不足し、治安が極度に悪化した。上流階級はいち早く国外へ脱出していた。

●戦場の民衆（上下とも）　戦場は兵士たちが武力で交戦するだけの場所ではなかった。軍隊と行動をともにした兵士たちの家族の日常生活の場でもあった。

●戦場の光景の復元　メキシコ革命博物館の一九八八年の展示。

メキシコ北部諸州

②—ビリャと革命運動

ビリャを生んだメキシコ北部地方

ビリャが生まれ育ち、武装勢力を率いて活動したメキシコ北部一帯は、乾燥した半砂漠地帯である。そこは、西側を二五〇〇メートル級の西シエラマドレ山脈が南北に走り、東側を同じく二五〇〇メートル級の東シエラマドレ山脈が連なり、その間に平坦な高原台地が広がる不毛の大地である。細々とした川筋か湧水の出る窪地に集落がつくられ、そのオアシスを取り囲む荒野はサボテンと棘のある植物が点在するだけの世界である。

地図で見るように、北でアメリカ合衆国と接するタマウリパス州、ヌエボレオン州、コアウイラ州、チワワ州、ソノラ州、バハカリフォルニア州からなるメキシコ北部国境地方は十九世紀後半まで未開のフロンティア地帯であった。この南に続く内陸部のドゥランゴ州、サカテカス州、サンルイスポトシ州も、植民地時代に発見された銀鉱とその周辺を除くと、現在でも東シエラマドレ山脈と西シエラマドレ山脈にはさまれた荒涼とした半砂漠の高原台地と盆地が点

▼メキシコ・アメリカ戦争（一八四六〜四八年）　一八三六年にメキシコから独立したテキサス共和国を米国が合併したことに端を発した戦争。敗れたメキシコは国土の約半分を一五〇〇万ドルと引き換えに米国に割譲した。

在する人口の希薄な地域である。国境ぞいの諸州は、メキシコ・アメリカ戦争▲に敗れて国土の半分を上回る領土をアメリカ合衆国に割譲して以来、メキシコが領土防衛のために開拓移住者を誘致して国策として開発に取り組んだ地域であった。ただし現在のアメリカ合衆国の南西部を含めた旧スペイン植民地時代のメキシコ北部一帯には、十八世紀から一定の条件付きで土地と自治権を与えられた武装開拓村が建設され、十九世紀半ばには点在するこれらの開拓村といくつかの町を除くと、広大な荒野はアパッチ族やコマンド族などの先住民が遊牧生活を送る世界であった。

　このようなメキシコの北部地方は、乾燥した半砂漠の不毛の土地であることに加えて、一八八〇年代まで国家に制圧されず独自の社会を維持する先住民と、フロンティア開発のために誘致されて開拓村に入植者した人びととの間で緊張関係が続いていた。先住民によって入植地を焼き打ちされ、女性がつれ去られ、子どもが虐殺されるといった事件がめずらしくない北部一帯は、「先住民と開拓者」が対決する流血の舞台でもあった。この北部地方が大きく変化するのは、ディアス時代になってからである。ディアス政府の北部先住民制圧政策は厳し

カヘメ（一八三九～一八八七）　ソノラ州のヤキ族の族長。ソノラ州軍に入隊し、大佐になる。一八七四年にリオ・ヤキ地区の首長に任命され、抑圧されたヤキ族の救済に尽力して連邦政府軍に討伐された。

く、さまざまな討伐隊が送り込まれた。「蛮族」と総称された先住民を討伐するためにアメリカ人傭兵が使われることもあった。北西部のソノラ州では一八七五年にカヘメ（別名ホセマリア・レイバ）の率いるヤキ族が独自の法律と制度をもつ「国家」の独立を宣言した。これに対してディアス連邦政府は討伐隊を送り込んで、彼らの武装蜂起を根絶するためにヤキ族とマヨ族の多くを遠隔のユカタン半島やメキシコ南部の大農園に奴隷として売り飛ばした。伝説のアパッチ族の族長ビクトリアが殺されたのは一八八〇年で、ジェロニモが降伏したのは一八八六年である。その後の北部地域は開発が進むにつれて激変し、二十世紀初頭にはかつての「不毛で、蛮族が襲撃する北部」はメキシコでもっとも重要な農業・鉱業・工業が発展した地域のひとつとなっていた。その変貌を促したのが一八八三年に公布された拓殖法であり、鉄道建設であり、一八九三年の鉱山法の改定である。

　未開の国土開発を促すために制定された拓殖法（一四頁参照）は、独立直後の一八二四年に最初の法律が公布されて以来、一八三〇年、五四年、五六年、六三年、七五年、八三年、九四年に公布されている。いずれの拓殖法も荒蕪地

メキシコとアメリカ合衆国を結ぶ鉄道幹線(一九一〇年)

(国有地)を「条件つき無償」で譲渡することを謳い、開拓者を誘致しようとしたものである。しかし広大な未開の国土開発は容易に進まなかったため、新しい拓殖法が公布されるたびに条件が緩和され、八三年と九四年の拓殖法によって無償で払い下げられる土地は広大なものとなった。ビリャの主要な活動舞台となるチワワ州は二四万七〇八七平方キロというメキシコで最大の面積を有する州であるが、この拓殖法の恩恵を受けてわずか三家族が二十世紀初頭には州の全面積の半分を所有していた。

鉄道建設もまた北部地方を大きく変化させた。一八八四年に首都メキシコ市と国境の町ラレド(タマウリパス州)を結ぶセントラル鉄道が開通し、四年後の八八年にチワワ州の国境の町シウダー・フアレスから州府チワワ市をへて首都メキシコ市につながるナショナル鉄道が完成すると、鉄道ぞいの北部に点在する町はめざましい経済発展と人口の増加を経験した。

鉱山法は、地下資源の開発を目的として一八九三年に公布されたものである。それまで地下資源は国家に帰属し、民間資本が自由に開発することができなかった。この原則を変えて地下資源を含む土地の私有権が認められた。その結果、主として外国資本によって開発された鉱山（石炭・銅・鉄鉱石・金・銀など）には内外から労働者が集まった。これらの労働者のなかには銅山や炭鉱で集団雇用された日本人出稼ぎ労働者もいた。

さらに一部の水利に恵まれた地域では棉花がプランテーション方式で栽培された。とくにコアウイラ州では国内綿織物業者向けだけでなく輸出用の商品作物として棉花の栽培が全盛期をむかえた。チワワ州では肉牛の放牧がさかんになって牧場が拡大した。こうして短期間で北部一帯の自給自足の開拓村は拡大する牧場や棉花を栽培する大農園に取り込まれていった。

北部一帯が鉱業と牧畜産業と棉花プランテーション農業へと変容していくなかで、自営農民からなる多くの開拓村が消滅した。その結果、北部の自営農民は激変する経済・社会環境のなかで新興都市の住民となるか、拡大した大牧場の現場監督や牧童、プランテーションの農業労働者や鉱山労働者などになった。こうして二十世紀初頭の北部一帯には、数百年におよぶ村落共同体と伝統文化を保持する先住民人口が集中するメキシコの中央部や、村落共同体と大農園が共存する南部の世界とは、大きく異なる社会が出現していた。

ビリャ博物館のあるサンファン・デル・リオの荒野

貧農と無法者の世界に生きたビリャ

通称パンチョ・ビリャの本名はドロテオ・アランゴである。一八七八年六月五日に北部のドゥランゴ州サンフアン・デル・リオの大牧場で農業労働者の息子として生まれた。サンフアン・デル・リオは、西シエラマドレ山脈を水源とするナサス川の支流の一つで年中水が枯れることはなく、緩やかに起伏する半砂漠地帯の中のオアシスである。現在では舗装された道路が幹線道路と結ばれており牧歌的風景を楽しめるが、二十世紀初頭には四〇〇〇人前後の人口が粗放な放牧をする大牧場内に点在して暮らすという典型的な未開の北部農村の一つであった。

父親が五人の子どもと妻を残して早世したため、長男のドロテオは小学校に二年ほどかよっただけで幼い頃から家族を養うために牧場で働いた。しかし一六歳になったとき、妹に乱暴を働いた牧場主の息子に怪我を負わせ、一度は投獄されたものの脱走して山中に逃げ込んだ。大牧場主にさからい、警察に追われる者が生き延びる手段はかぎられていた。馬賊か山賊となり、不法者仲間と徒党を組んで窃盗・誘拐・脅迫・殺人などあらゆる種類の悪事を働いたことが、

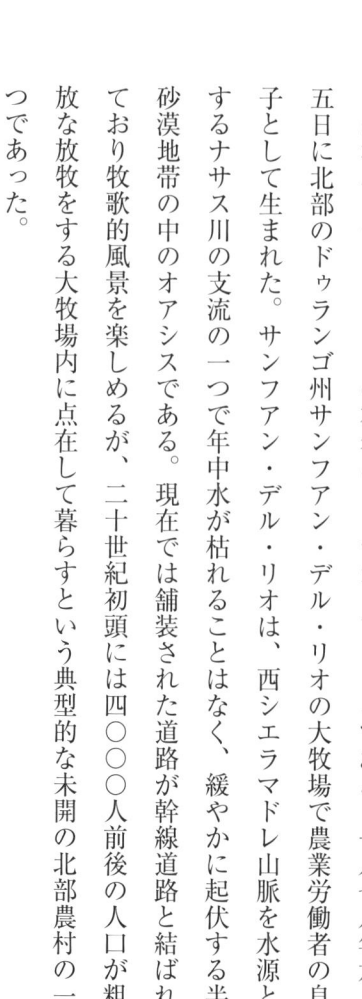

さまざまな「ビリャ談義」のなかで語られている。荒野に放牧されている家畜を一度に一〇〇頭以上盗むことは難しくなかった。「銃と荒くれ者の世界」だった当時の北部一帯では、馬をたくみにあやつり、銃を自在にあつかえるうえに、土地勘があって神出鬼没のビリャのグループは、悪事を働いて官憲に追われても捕まることはなかった。山賊として州内で有名な「おたずね者」となったが、仲間を率いていた首領が死んだのちにその首領の名を継いで本名のドロテオ・アランゴからフランシスコ・ビリャへと名を変え、一九〇二年頃にはドゥランゴ州から北のチワワ州に移動してフランシスコ・ビリャの名で暮らしていたことが知られている。パンチョはフランシスコの愛称である。

ビリャは「メキシコのロンビンフッド」とも呼ばれている。それは牧場から家畜を盗み、それを売り飛ばしてえた代金を貧しい人々にも分け与えたからである。官憲に追われるビリャたちを匿《かくま》った村人たちにとっては、日本でいう「悪代官に挑戦する鼠小僧」のような存在であったに違いない。しかし二十世紀にはいってからチワワ州内に定住したビリャはまともな手段で生計を立てていた。メキシコ北部に進出してきたアメリカの鉱山会社の物資運搬や牧場の牛

●──サンファン・デル・リオのビリャ博物館入口のビリャ像

●──ビリャとマデロ（ビリャ博物館内の壁画）

●──戦場のビリャ（ビリャ博物館内の壁画）

の搬送などを請け負い、やがてチワワ市近郊で牛の屠殺と食肉業を商いとし、それなりの信頼をえていたことも知られている。

ビリャの豪快で短気な性格についてはよく語られるが、タバコを吸わず、酒がまったく飲めなかったことは案外知られていない。ビリャはまたカトリックを信仰しなかったが、護憲派勢力が反教権主義を掲げてカトリック教会を襲撃したのに対してビリャは教会を攻撃することはなく、兵士たちの信仰に対しても寛容であった。ビリャはまた豪快であると同時に繊細な神経のもち主で、私利私欲のない人物でもあった。メキシコ革命の研究者でありビリャ研究の第一人者であるカッツ▲は、ビリャを「教育は受けていなかったがとても聡明で、困窮する民衆のためにチワワ州における改革の政治にいち早く取り組んだ革命勢力のリーダーの一人であった」と評価している。裏切り者を弁解の余地なく射殺したビリャのさまざまな残虐行為は広く語り継がれている。しかしそれらは、数万の民衆からなる武装勢力を率いる最高司令官にとってリーダーシップの保持と表裏一体の関係にある行為でもあったに違いない。ビリャは兵士に日当をきちんと払っただけでなく、戦死した場合には残された妻や子どもに生活費を

▼**フリードリッヒ・カッツ**（一九二七〜二〇一〇）　オーストリア生まれの歴史学者。米シカゴ大学教授。メキシコ史研究の優れた業績を讃えて、シカゴ大学メキシコ研究プログラムは二〇〇四年にフリードリッヒ・カッツ・メキシコ研究センターへと改名した。

支給した。それらの資金はチワワ州をはじめとしてビリャが占領した地域の大牧場や富裕層から略奪した金品からでていた。恒久的な措置でなかったにしても、ビリャの性格をよく物語っている。

マデロ運動とビリャ

このようなビリャがメキシコ革命史に重要人物として登場するのは、一九一〇年の大統領選挙をめぐり政治の民主化を要求して独裁者打倒を呼びかけたマデロ運動においてであった。当時チワワ州の再選反対運動のリーダーのA・ゴンサレスは、独裁者ディアスの盟友であるチワワ州の大土地所有者テラサス一族▲が牛耳る独占的な権力に反発してマデロによるディアス再選反対運動に賛同した中規模の自営農で、必要とする武装兵力をえるためにビリャを誘った。多くの牧童仲間をもち、馬術と銃の操作に長け、カリスマ性のあるビリャは、A・ゴンサレスが必要とする格好の相棒となり、この時の誘いがビリャに革命家への道を歩ませることになった。

マデロが自ら立候補しておこなった選挙運動は一九一〇年五月頃までディア

▼**テラサス一族**　チワワ州でアパッチ族の制圧に貢献したルイス・テラサス(一八二九〜一九二三)を家長として広大な土地を取得し、鉄道・鉱山・銀行などを保有して大富豪となった一族。

▼パスクアル・オロスコ(一八八二〜一九一五)　チワワ州出身の商人・革命家。マデロの再選反対運動に共鳴してチワワ州で反ディアス運動を組織する。のちマデロと対立し、ウエルタ反革命勢力と手を結んだ。

▼シルベストレ・テラサス(一八七三〜一九三五)　チワワ州出身。一八九九年にディアス体制を批判した新聞を発行し、革命勃発後はビリャの活動を支持。チワワ州の大地主テラサス一族の遠縁戚にあたる。

ス大統領によって黙認されていたが、選挙の直前にマデロは逮捕され、投獄された。選挙後に釈放されると、マデロは国境をこえてアメリカのテキサス州サンアントニオに亡命した。マデロが「ディアス大統領の当選を無効とし、一九一〇年十一月二十日を全国一斉蜂起の日」とする檄文「サンルイスポトシ綱領」を亡命先のサンアントニオからメキシコ各地の再選反対運動支持者に送ったとき、ビリャは自ら集めた武装勢力を率いてチワワ州のサンアンドレスという町を襲撃した。これが革命におけるビリャの最初の戦いであった。

マデロの檄文に呼応してチワワ州ではA・ゴンサレス、▲オロスコ、S・テラ▲サスらが武装勢力を率いて蜂起した。オロスコは商店を経営し荷馬車業者を取りまとめていた人物で、S・テラサスはチワワ州の反体制派新聞『エル・コレオ・デ・チワワ』の編集者であった。このように三人のリーダーは中産階級に属する知識人に近かったが、一方のビリャはほとんど読み書きのできない典型的な下層階級の出身であった。しかしビリャは短期間に兵力を増大させた。マデロが亡命先のアメリカからメキシコに帰還して武装勢力と合流した国境の町シウダー・フアレスの一九一一年の攻防戦(四〜五月)でビリャ部隊はオロスコ

●一九一一年五月、シウダー・ファレスを占領した時のビリャ（前列右より三人目）

●一九一三年四月、「マデロの大統領暗殺」を知ってふたたび武器をとってメキシコに戻ったころのビリャ（前列左）

部隊に合流して活躍し、三五年間権力の座にあった独裁者ディアスを退陣させる原動力となった。そしてこの五カ月後にマデロは大統領となり、A・ゴンサレスはチワワ州知事に任命された。しかしこの時点で、ビリャはまだマデロ運動のなかで重要視される武将ではなかった。ビリャ自身もマデロ運動の意味をほとんど理解しておらず、軍事的貢献に対する報奨金をもらってチワワ市の私生活にもどっている。

しかしA・ゴンサレス知事がマデロの謳った「農地の配分」に手をつけず、それを糾弾したオロスコが翌一九一二年三月にA・ゴンサレス州知事とマデロ大統領に反旗を翻した。これに対してビリャはふたたび武装勢力を率いてマデロ大統領がチワワ州に送ったウエルタ将軍の率いる連邦政府軍に合流してオロスコ軍と戦った。しかしその後、正規軍を率いるウエルタ将軍との確執からビリャは処刑を宣告され、マデロ大統領の温情で処刑をまぬがれて投獄刑となった。ビリャが多少なりとも当時のメキシコで起こっている状況を理解することになるのは、この収監された牢獄のなかであった。ここで南部モレロス州のサパタ農民軍に参加して捕えられ、投獄されていたマガーニャ▲と知り合い、彼か

▼**ヒルダルド・マガーニャ**(一八九一～一九三九)　ミチョアカン州出身のアメリカ留学経験のある会計士。サパタの参謀として対外関係で活躍。アグアスカリエンテス会議派政府の内務大臣兼メキシコ市長。

ら革命運動の状況と農民運動について学んだのである。その後、ビリャは脱獄して国境をこえ、ふたたびテキサス州へ逃れた。

チワワ州知事から最強の北部師団司令官となったビリャ

ビリャに大きな転機が訪れるのは、一九一三年二月に起こった連邦政府軍を指揮するウエルタ将軍の策略による「悲劇の一〇日間」▲として歴史上に残るマデロ大統領暗殺事件である。この知らせを亡命先のテキサスで受けたビリャは八名の仲間とともにメキシコに戻った。そして政治の民主化をめざしたマデロの遺志を引き継いだコアウイラ州知事カランサが三月二十七日に「グアダルーペ綱領」を発表してウエルタ将軍の政権掌握に反対し、護憲主義を掲げて全国にウエルタ軍事政権打倒の蜂起を呼びかけると、カランサの護憲主義運動に参加した。ビリャのグループはたちまち武装兵力を増大させ、一九一三年十二月末にはチワワ州全域を支配下におく勢力となった。そして武装蜂起した諸勢力による選出でビリャはチワワ州知事となり州内の改革に取り組むこととなった。

ビリャのチワワ州知事時代は一九一三年十二月八日から翌年一月七日までの

▼**「悲劇の一〇日間」**　一九一三年二月九日から十九日にかけてメキシコ市で起こった旧ディアス体制の軍人による武装蜂起事件。ウエルタ将軍の画策によってマデロ大統領と副大統領が暗殺された。

▼**マヌエル・チャオ**（一八八三〜一九二四年）　ベラクルス州出身。ドゥランゴ州で教師となる。革命勃発で護憲派勢力に参加してカランサによりチワワ州知事に任命される。しかしビリャを支持し、ビリャ敗北後は亡命した。

わずか一カ月である。ビリャは州知事に就任するやただちに治安の回復と改革に着手し、各層の住民から支持される改革派知事となった。これに対して護憲派勢力を束ねるカランサがビリャの州知事辞任を強要したことから、カランサの推薦するチャオ▲がビリャにかわって後任の州知事となった。しかしチャオ知事はビリャの改革の政治を忠実に引き継いでカランサの思惑を裏切った。ビリャは自分の無知を自覚しており、知事を引きうけたとき地元の有力紙『エル・コレオ・デ・チワワ』の編集者でビリャの活動に関して好意的な記事を書き続けてきたS・テラサスを秘書として登用していた。S・テラサスはチャオ知事にも仕えてビリャの改革の政治を引き継ぎ、わずか一カ月間の知事でしかなかったビリャの改革の政治をビリャの軍事力が衰退する一九一五年春まで遂行した。この間にチワワ州の政治・経済・社会状況は劇的な変化をとげた。

ビリャは知事に就任すると、まず革命に敵対した者の全財産を没収した。次に学校の建設を大規模におこない、没収した大地主テラサス家のアシエンダの一つを大学建設の敷地に予定したほど、州民の教育を重視した。一九一四年の一年間に約一〇〇〇の学校が建設されている。また社会秩序の回復に取り組み、

妻ルス・コラルとビリャ

兵士の飲酒を禁止し、警察による犯罪取り締まりを強化した。さらにチワワ市内の復興に州兵を活用して、電気・市電・電信・水道・公益屠殺場などの運営をおこなわせた。また家族を失った孤児たちを収容した施設に教員を雇って教育を与え、戦場で夫をなくした未亡人、孤児となった子どもたち、老人たちに生活費を支給した。ビリャが没収した財貨を私的に着服することはなく貧民の救済を優先したことも、ビリャが民衆の立場で闘うリーダーとして人々の心に残る英雄像につながっている。裏切り者を厳しく処罰し、汚職に対しても容赦せず、迅速な秩序回復をおこなったビリャに対する信頼は、州民の各層から寄せられた。

しかし一方で農民から強い要望のあった農地改革については、ビリャは消極的だった。それは没収した広大な土地を公平に分配するためには十分な政治的配慮が必要であったからである。ビリャは、戦場で命をかけて戦った者とそうでない者が平等に土地を分配されることは不公平であり、むしろ自らの土地を武装して守るかつての武装開拓村のような農村の建設を考えていた。そのためには土地の分配を即時実施することよりも将来の課題として着手しなかったのだとされる。しかしのちに紹介するように、ビリャはカランサ勢力との戦いに連敗を続けたのちの一九一五年五月二十四日に農地改革法を発表している。

ビリャがおこなったこれらのさまざまな改革の施政は、メキシコ革命の動乱期におこなわれた束の間の慈善事業的なものにすぎなかったといっても過言ではない。チワワ州の既存の秩序はたしかに破壊されたが、体系的な改革と展望があったわけではないからである。しかしこのようなビリャの改革の試みは、ビリャの存在を歴史に残す重要な要素の一つとなっている。

州知事の座を退いたビリャは、北部師団の司令官としてその名を国内だけでなく国際的にも知られる存在となった。アメリカのウィルソン大統領の支持をえたのもこの時期である。この間、北部諸州を中心とする護憲派勢力は三人の司令官によって統括されていた。カランサが州知事であったコアウイラ州の武装集団を北東部師団としてまとめて指揮したのはP・ゴンサレス▲である。チワワ州の諸勢力を北部師団として率いたのはビリャである。ソノラ州ではオブレゴン▲が北西部師団を指揮した。これら三つの大師団に結集した数百名規模の武装集団を率いる首領たちの多くは、自営農民、商人、中間層出身者であった。

▼パブロ・ゴンサレス（一八七九～一九五〇）　ヌエボレオン州出身。メキシコ自由党員。一九一〇年にマデロ運動に参加し、北東部師団の司令官となりカランサ派の主力軍団を指揮してサパタ農民軍を追い詰めた。

▼アルバロ・オブレゴン（一八八〇～一九二八）　ソノラ州出身。自営農。一九一二年のパスクアル・オロスコの反乱でマデロ側に参加。のちビリャとカランサの対立のなかでカランサを支持し、護憲派勢力の軍事的勝利に貢献。立憲大統領（一九二〇～二四年）となる。

ビリャの黄金部隊（前列左より七人目がビリャ）

そしてそれらの集団に加わった兵卒たちは牧童・大農園労働者・鉱山労働者で、ほかにヤキ族やマヨ族などの先住民も参加していた。しかし護憲派勢力の武装集団に参加した民衆の多くは、かならずしも闘う目的に賛同して参加したわけでなく、生きるために家族ぐるみで参加した者たちであった。

ビリャの率いる北部師団が短期間に多くの兵を集めることができたのは、シウダー・フアレスの会戦後にビリャ軍が連戦連勝をかさね、大農園や牧場から略奪した潤沢な物資を兵士たちに分配し、武装を強化したことにあった。ビリャは兵士たちの日当をきちんと支払い、寡婦となった妻と子どもへの手当も支払ったことで知られている。それだけの資金調達力がビリャにはあった。没収した富豪たちの財貨だけでなく、チワワ州政府が発行する紙幣は州内とアメリカ側の国境地帯でも流通するほど信頼された。また戦闘を経験するにしたがってビリャは高度な戦術を学び、正規の連邦政府軍から離脱したアンヘレス将軍のような参謀をむかえ、やがて黄金部隊と呼ばれた精鋭部隊をつくり上げた。えりすぐりの牧童あがりの兵士約五〇〇〇名からなる黄金部隊は、ビリャの指揮する北部師団の中核として活躍した。騎馬隊を先頭にして攻撃するその機動

戦場をかけるビリャ

力と地形を熟知したビリャの戦術は無敵で、勝利をかさねるたびにビリャ軍への参加者がふえて、兵力は最大規模時には八万人にまで膨れ上がった。鉄道をたくみに利用した兵士と武器の効率的な大量輸送とビリャの優れた戦術、そしてなによりも戦場を疾走するビリャ自身の雄姿が勇敢な兵士を集めた。ビリャの北部師団はウエルタ反革命政権打倒にもっとも大きく貢献したが、それは同時にビリャとカランサの対立を深めることにもなった。

ウエルタ連邦政府軍に対して護憲派勢力の優勢が決定的となるのは、一九一四年四月のトレオンの会戦と同年六月のサカテカスの会戦である。トレオンの会戦ではカランサの腹心Ｐ・ゴンサレス将軍の率いる北東部師団がウエルタ政府軍に敗れたのちにビリャの北部師団が反撃して巻き返し、これを撃破した。さらに北部師団はコアウイラ州都のサルティーリョ攻略に成功し、さらにサカテカスの会戦で連邦政府軍を惨敗させてウエルタ将軍が画策した反革命運動にとどめを刺した。しかしマデロの意志を受け継いで護憲派勢力をまとめた総司令官カランサと最強の北部師団を率いるビリャとは相容れなかった。その結果、護憲派勢力の中で最大の軍事的功労者であったビリャはカランサと対立し、メキシコ革命正史▲においてビリャは長年にわたって無視された。

護憲派勢力からの離脱とカランサとの対立

ビリャが率いた北部師団は一九一四年から一五年の春にかけて最強の軍事勢力としてその名をとどろかせた。同時にこの期間は、ビリャとカランサの対立が激化し、護憲派勢力が分裂した時期となった。この間は、すでに述べたようにチワワ州知事となったビリャが州内の改革に取り組み、さらに北部師団を率いてウエルタ連邦政府軍を各地で撃破していった時期である。地図でみるように、護憲派勢力の総司令官カランサの指揮下にはいったのはP・ゴンサレス将軍の率いる北東部師団、ビリャが率いる北部師団、オブレゴン将軍が率いる北西部師団で、これらの有力な三大師団が連邦政府軍を撃破しながら首都メキシコ市をめざして南下するという構図になっている。この構図で北部と中央部を結ぶ要衝の地がトレオンとサカテカスであった。トレオンはメキシコとアメリカの国境の町シウダー・フアレスおよびラレドから中央高原地帯のメキシコ市にいたる二つの鉄道が合流する、いわば北部から中央高原へつうじる交通の要

▼メキシコ革命正史　一九一七年に立憲大統領に選出されたカランサの率いる護憲主義勢力の流れを受けて、二九年に設立された国民革命党がメキシコ革命党と、さらに制度的革命党と名称を変えて七七年間政権を担当した連邦政府のメキシコ革命史観をさす。

護憲派勢力の三大師団の南下ルート

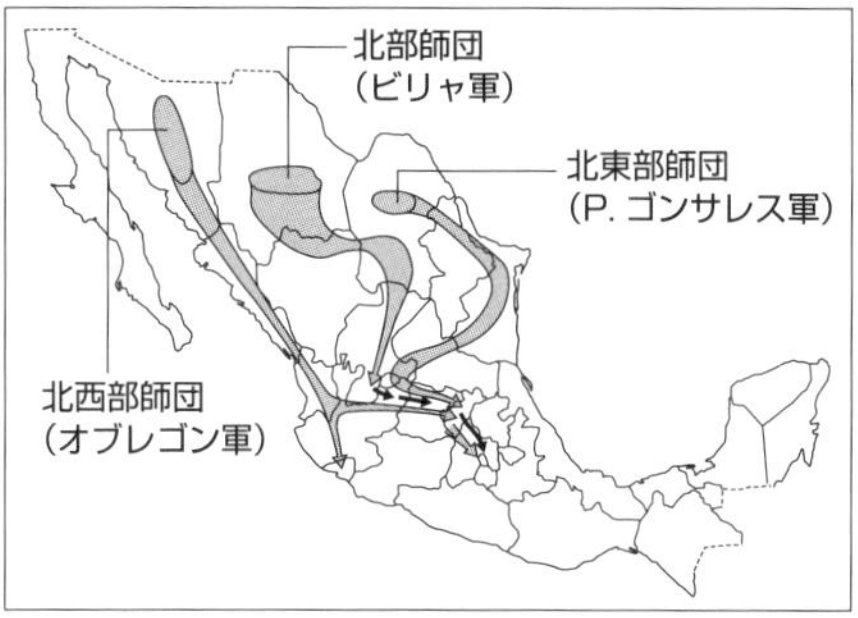

所で、トレオンを支配することでそれまで北部にとどまっていた護憲派勢力が中央高原に出撃できる条件が整うことを意味したからである。

このトレオンの会戦でビリャは勝利し、革命勢力のなかで不動の地位と人気を手にした。トレオンの勝利後ビリャはチワワ市に移動していたカランサとはじめて会談したが、このときビリャが三六歳で、カランサは五五歳であった。大農園主、ディアス時代の上院議員、コアウイラ州知事、マデロの意志を継いで「グアダルーペ綱領」を発表して護憲派勢力の第一統領となったカランサは、ビリャにとっては育った環境、性格、教養、知識などあらゆる意味で別世界の人間であった。カランサはマデロの提唱した政治の民主化要求に賛同した進歩派知識人であったが、抑圧され極貧状態で暮らす国民の大多数を解放するという革命的思想のもち主ではなかった。

護憲派勢力はウエルタ政権の打倒をめざすことで結集した勢力ではあったが、ビリャとカランサにみられるように思想・理念・野心などを異にする多様な領袖の集まりにすぎなかった。とくにビリャとカランサとの間にあった溝は決定的に深かった。カランサはビリャが軍事的指導権を握ることを恐れ、オブレゴン将軍の率いる北西部師団とP・ゴンサレス将軍の率いる北東部師団がビリャの北部師団より先に首都へ進軍することを画策した。しかしP・ゴンサレスはトレオンにおいて連邦政府軍に破れて敗走し、それをビリャの率いる北部師団が取り戻した。ビリャはさらに次のサカテカス攻略をめざし、それを阻止しようとするカランサの命に従わなかった。サカテカスは十六世紀半ばに銀鉱が発見されてスペイン植民地時代に繁栄した町で、幹線道路と鉄道で首都と結ばれていた。ここを抑えることで鉄道と街道によってメキシコの中心である中央高原地帯にはいることが可能となり、一挙に南方五〇〇キロの首都メキシコ市をめざすことができる。この要衝の地サカテカスを守るウエルタ連邦政府軍約一万二〇〇〇名に対して約二万五〇〇〇名の兵を率いたビリャが総攻撃をかけたこの革命動乱期最大の戦闘となったサカテカスの会戦は、ビリャ軍の勝利に終わった。そしてこのサカテカスの会戦に敗れたウエルタ反革命政権は一カ月後に崩壊し、ウエルタ大統領は国外へ亡命した。

この間にカランサとビリャの対立を解消する努力が両陣営の間でおこなわれ、「トレオンの合意」として知られる和平協定(一九一四年)が成立していた。それは、ビリャがカランサを第一統領として認めること、カランサはビリャが北部師団の司令官であることを認めること、ウエルタ連邦政府軍を破り首都メキシコ市を制圧したのちに武装勢力を率いる武将たちの会議を開催して革命プログラムについて討議し、大統領選出の日取りを決める、というものであった。これは後述するアグアスカリエンテス会議として実現する。

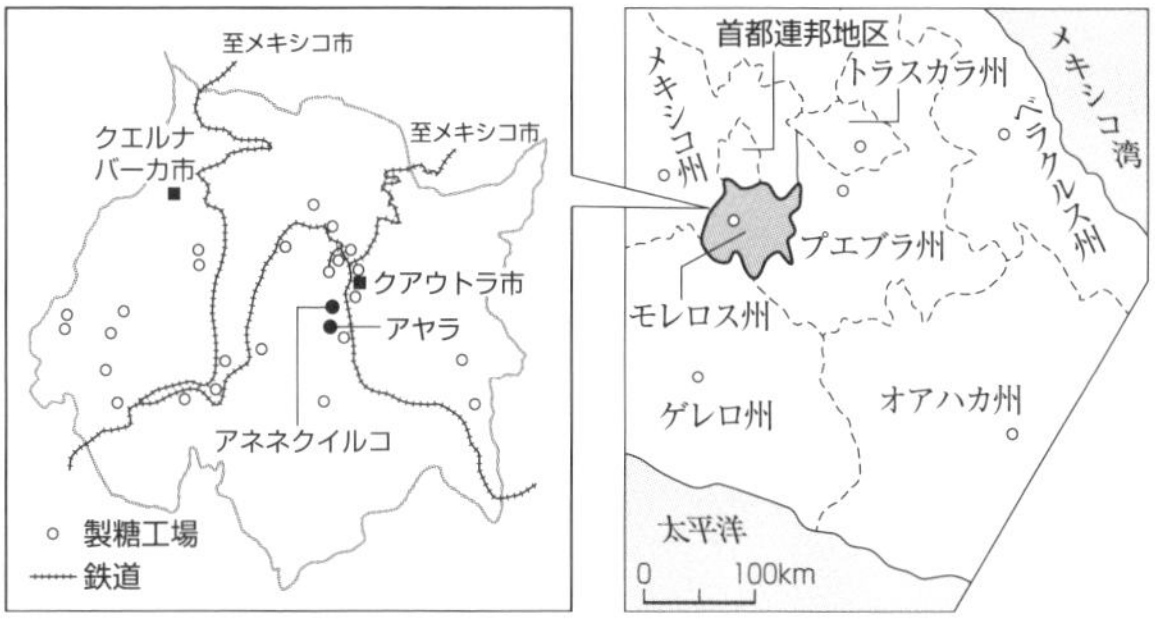

モレロス州（一九一〇年）

③—サパタと革命運動

サパタを生んだ南部モレロス州

　サパタが農民を率いてゲリラ活動を展開したモレロス州は、首都の南に位置するメキシコで二番目に面積の小さい州である。地図でみるように、モレロス州は北をメキシコ州および首都メキシコ市に、東をプエブラ州に、南をゲレロ州とプエブラ州に、そして西をゲレロ州にかこまれ、三〇〇〇メートル級のアフスコ山脈と名峰ポポカテペトル山およびイスタシワトル山の南側に位置した、全体的に起伏の多い高原盆地が南に向かって熱帯低地へとくだるような地形から成っている。サパタが率いた最盛期の農民ゲリラ部隊はこのモレロス州全体とその周辺の州の一部を舞台として活動し、農地改革を実施した。

　海抜二八〇〇メートルから八四〇〇メートルまでの標高差があるモレロス州の気候は亜熱帯性と熱帯性から成り、この地域には十六世紀前半のスペイン人の渡来以前からさまざまな先住民の部族が定住していた。河川に恵まれ、熱帯・亜熱帯性気候という風土的・地理的条件に加えて先住民という労働力が存在し

クエルナバーカのコルテス宮殿（現在は博物館）

たことから、スペイン人はこの地域をサトウキビ栽培地帯にした。ちなみにアステカ帝国の征服者エルナン・コルテスは、一五二三年にモレロス州からオアハカ州にいたる広大な土地の領有権をスペイン国王から認可され、本拠地としたクエルナバーカにアメリカ大陸で最初となるサトウキビ畑を拓いた。サトウキビはこの地域の気候に適してよく成長し、糖蜜とアグアルディエンテと呼ばれる蒸留酒の原料となり、スペイン人によるこの地方の開発の原動力となった。

このようにモレロス地方は十六世紀から砂糖の生産地帯であり、十七世紀から拡大したアシエンダと呼ばれた大農園にインヘニオと呼ばれる製糖所がつくられた。ここでは人力か家畜の力でサトウキビを圧搾して液をしぼりだし、その液体を釜で煮詰めて糖蜜がつくられた。サトウキビの栽培に従事したのは、アシエンダで働くペオンと呼ばれた労働者やアシエンダの土地を借用する周辺の農民たちであった。このような砂糖の生産方式は、近代的な機械を導入した糖業複合体としての大糖業アシエンダが出現する一八七〇年代までほとんど変わらなかった。それまでのアシエンダの多くは土地の生産性よりも所有権に価値をおく土地の所有形態で、効率の良い生産体ではなかった。いずれのアシエンダにおいても耕作と放牧に利用する面積は所有地の一部にすぎず、所有主は都市部で暮らす不在地主であった。モレロス地方の場合、大農園主のほとんどは首都メキシコ市に邸宅をかまえていた。

一方でまた、アシエンダの破産と所有権の移転もめずらしくなかった。モレロス地方では、植民地時代末期の十八世紀後半から独立後十九世紀半ばにかけて多くのアシエンダが統廃合されている。イエズス会が新大陸から追放された一七六七年に同会が所有していた二つのアシエンダが接収され、売却された。一八一〇年に独立戦争が勃発すると、その主要舞台の一つとなったモレロス地方ではアシエンダが荒廃し、また一八二九年のスペイン人追放によってもアシエンダの所有権が移転した。さらに一八五〇年代から六〇年代にかけて取り組まれたレフォルマ革命(七頁参照)によって教会所有地の接収と村落共有地の売却が進み、新たな商業資本がモレロス地方に進出した。

しかしこのような激動期を経験しても、アシエンダと村落農民の関係はそれほど変化しなかった。人口の増加で農地をさらに必要とする村人たちはアシエンダの土地の一部をまだ借用することができた。またアシエンダ内の荒地、河

サトウキビ畑の灌漑用水路

川敷、森、丘陵地などを周辺の農民が利用するのが認められていた。もっとも植民地時代から土地の所有権をめぐる紛争はアシエンダと村落農民の間でしばしば発生し、訴訟になることもあった。しかし周辺の農民がアシエンダ内の森で薪を集め、未開地を家畜の放牧に利用することはできた。アシエンダと村落農民は、時には対立しながらも、伝統的な地域社会の秩序を維持していたのである。

この関係が大きく変わるのは、砂糖の市場が拡大し、技術革新がもたらした近代的な機械が導入されはじめた一八七〇年代にはいってからである。とくに一八七三年にメキシコ市とベラクルス間の鉄道建設が完成し、八一年にメキシコ市からモレロス州北東部の商業都市クアウトラまで鉄道が延び、八三年にヤウテペックまでの支線が延長されると、クアウトラは急速に発展した。また一八八三年の拓殖法にもとづいて共有地や未開地と断定された土地のほとんどが払い下げられたため、地権書を保有しない村は土地と水利権を失い、独立した小規模農家と牧場、旧式経営の糖業アシエンダは近代的で大規模な企業型糖業アシエンダに統合されていった。大規模糖業アシエンダは競って最新式の機械

最新の機械を導入した製糖工場

を導入し、灌漑用水路・ダム・橋の建設に巨額の設備投資をおこなった。その結果、モレロス州では一八九〇年頃までに旧式の製糖所が姿を消し、七六年にあった五三カ所の牧場は八八年には三六にまで減り、一一八あった村の数は八七年には一〇五に、さらに一九〇九年には一〇〇となっていた。この間に一三の村がダムの底に消えた。砂糖の生産量は一八七〇年代から一九一〇年までの約四〇年間に五倍になり、一九一〇年のモレロス州の砂糖生産量は全国生産量の約四〇%を占めていた。

このように一八七〇年代に始まる製糖の技術革新と最新の機械設備の導入による製糖業の近代化によって出現した大規模糖業アシエンダは、サトウキビの栽培面積の拡大と水利権をめぐって近隣の集落農民と対立していった。境界線の明確でない村落の共有地を大農園が占拠すると同時に、伝統的に近隣の村人たちが利用することのできたアシエンダ内の山林や河川敷などから締めだされた。小作人や貧しい下層農民たちは、アシエンダ内に住み込む農業労働者ペオンとなるか小作人となる以外の道がなくなった。こうして二十世紀初頭までに巨大な糖業アシエンダは土地を集積し、生産と労働力を独占していった。一九一〇年の世帯主を単位にした統計によるとモレロス州の農民の九九・五%が土地を所有していなかった。

広大な糖業アシエンダの中心部には、農園主の大邸宅と近代的な機械を導入した製糖工場のほかに、労働者の住居・教会・学校・診療所、化学者のいる研究所があり、煉瓦工・大工・鍛冶屋・電気技師のほかに新式の機械を管理するために雇われた外国人の技術者、そして警備員をかかえた大農園主が君臨する囲い込まれた閉鎖的社会が形成された。このような激変の時代のモレロス州で、サパタは生まれ育ち、やがて農民運動のリーダーとなったのである。

小自営農の息子として生まれたサパタ

エミリアーノ・サパタは、モレロス州の東部中央に位置するアネネクイルコという小さな集落の自作農の九番目の子どもとして一八七九年に生まれた。アネネクイルコとは、先住民アステカ族の話すナワトル語で「水の湧きでる所」を意味し、その歴史は七〇〇年も遡ることができる古い集落である。十六世紀前半のスペイン人による征服に対して頑強に抵抗して生き延び、一六〇七年にスペイン植民地の現地統治機関の最高責任者であった副王▲から「村」の地権書を与えられていた。そして十七世紀を通じて形成されたアシエンダに脅かされながらも、アネネクイルコは二〇〜三〇家族から成る集落として存続し続けた。サパタが生まれた一八七〇年代のアネネクイルコの人口は約四〇〇人、一九一〇年の国勢調査では三七一人で、この村のリーダー格がサパタ家であった。

サパタ家一族は一八一〇年代の独立戦争や六〇年代のフランス干渉戦争▲に参加したことから村人に尊敬されていた。エミリアーノが生まれた頃には小規模の農地を耕作し、借地した荒地で家畜を飼育しており、貧しい農家ではなかった。ヤシの葉で屋根を葺いた掘立小屋が農民の一般的な住居であった当時、サパタ家は煉瓦とアドベ(土壁)でつくられ、屋根は瓦葺きであった。サパタは小学校にかよったことがあり、いちおうの読み書きはできた。父親が家畜の売買をしていたため、小さい時から家畜のあつかいに慣れ、とくに馬の調教に長けて育った。闘牛や闘鶏にも熱中し、あまり酒に強くないが飲むといっそう無口になるような、村の普通の若者として成長した。十六歳の時に両親をなくし、父親の遺産の農地を兄のエウヘニオと二人で分けて独立した生活を始めた。十

▼副王　スペイン植民地時代にアメリカ大陸に派遣されたスペイン国王の代理人。植民地行政機関の最高職。十六世紀にメキシコ市とペルーのリマに設置され、十八世紀にコロンビアのボゴタとアルゼンチンのブエノスアイレスに増設された。

▼フランス干渉戦争(一八六二〜六七年)　モラトリアム(債務返済の停止)をだしたメキシコに対してナポレオン三世が軍隊を派遣。さらにメキシコの保守派勢力と連携してハプスブルク家の皇子マキシミリアンをメキシコ皇帝として送り込み、メキシコ自由主義派政府軍と戦って敗れた戦争。

▼**チャロ**　牧童。カウボーイのメキシコ版。

チャロ姿のサパタ

▼**パブロ・トーレス＝ブルゴス**（?〜一九一二）　モレロス州出身。小学校教師。

七歳の時に官憲といさかいを起こして数カ月間、隣のプエブラ州の親戚のもとに身をかくしたことはあったが、この種の出来事は当時よくあることであった。村にもどってからは小規模の畑を耕し、アシエンダの荒地を借りて馬を飼い、近隣のアシエンダ所有者の愛馬の調教を依頼されるほどの腕を活かしてそれなりの生活をしていた。無口であったが勇敢で、なかなかの洒落男でもあり、写真で見るようなチャロ姿にこだわる青年でもあった。大きな髭をたくわえ、粋なチャロ姿で馬を走らせるサパタは、女たちばかりでなく男たちをも魅了したという。

このようなサパタに一大転機が訪れるのは、トーレス＝ブルゴスという田舎教師がアネネクイルコに近いアヤラ村に赴任してきた一九〇六年である。トーレス＝ブルゴスの持参してきた本や雑誌のなかに、ディアス独裁体制を真っ向から批判するメキシコ自由党が亡命先のアメリカから密かに送り届けた文書もあった。田舎教師トーレス＝ブルゴスとの交流をつうじてサパタは狭い地域社会の外の世界の動きを知り、三つのアシエンダにかこまれ土地をめぐって係争中のアネネクイルコの現実をより広い視野で理解することになった。アネネク

●—サパタ

●—兄エウヘニオ夫婦(右側カップル)

イルコではすでに一八九五年に隣接するオスピタル大農園が村人の共有地である牧草地を占拠して村人の家畜を殺し、柵をつくって土地を囲い込んでいたからである。さらにオスピタル大農園からアネネクイルコの村人たちが借りていた農地が取り上げられた一九〇九年九月にアネネクイルコの村長に選ばれたサパタは、村のリーダーとして住民と大農園との間の土地と水利権をめぐる紛争の解決に取り組むことになった。村が大事に保存してきた一六〇七年の地権書をもって、一九一〇年四月には州知事へ訴え、さらに五月には六〇名の代表団をつくってメキシコ市まででかけ、ディアス大統領に直訴している。このような最高権力者への直訴は植民地時代からおこなわれていたことで、決してめずらしいことではなかった。しかし解決の見通しの立たないなかでサパタは実力行使に訴え、一九一〇年十二月に八〇名近い農民を武装させて大農園に占拠された共有地を取り戻して村人に配分した。

メキシコ革命の勃発とモレロス州

メキシコ革命勃発直前のモレロス州の政治状況の変化は、一九〇八年の州知事の急死で始まった。連続四期にわたって州知事の地位にいた大農園主マヌエル・アラルコンの後任知事選挙をめぐって、村落農民たちが土地問題の解決に取り組むことのできるであろうと期待する対立候補を擁立するというこれまでにない動きが始まったからである。

　彼らが捜し出した候補者は、一八六〇年代のレフォルマ戦争において自由主義勢力を擁護して闘ったモレロス州の初代州知事で、すでに引退して首都で暮らしていた老将軍レイバ▲であった。レイバ候補を支援するための運動はアネネクイルコのような小さな集落においても秘密集会が開かれるほどモレロス州内に広がった。支援運動の中心となったのはトーレス＝ブルゴスやその友人である商業の中心都市クアウトラの小学校教師だったモンターニョ▲のような知識人たちで、レイバ支援を求めて各地で秘密集会を開いた。しかし一九〇九年におこなわれた選挙はディアス大統領が支援する大農園主パブロ・エスカンドンの選出で終わり、土地問題の解決の見通しはほぼ消えた。そしてその後の一九一〇年十二月に、先に紹介したようにサパタは八〇名近い武装した農民を率いて大農園に占拠された土地を武力で取り戻したのである。

▼フランシスコ・レイバ（一八三六〜一九一二）　メキシコ州出身の軍人。モレロス地方がメキシコ州から独立した一八七〇年に初代立憲州知事としてモレロス州の近代化に貢献した。

▼オティリオ・モンターニョ（一八七七〜一九一七）　モレロス州出身。小学校教師。アヤラ綱領の草稿を書いた人物と考えられているサパタ農民運動のリーダーの一人。サパタの参謀として活躍したが、謀反の罪で処刑された。

▼**メルチョール・オカンポ**（一八一四?〜六一）　ミチョアカン州出身の法律家。アシエンダを経営し、科学実験・植物研究など多様な関心を持ち、ヨーロッパ渡航歴のある急進的自由主義者。一八五七年憲法の政教分離と反教権主義条項の草案者。保守派に暗殺された。

この時期のモレロス州の外では、一九一〇年の大統領選挙を目前にしてディアス独裁者の選出をはばもうとするマデロ運動が全国規模で広がっていた。六月十五日にマデロはサンルイスポトシの刑務所に投獄され、ディアスの大統領当選が確定したのちの十月五日に釈放されてアメリカのテキサス州サンアントニオに亡命していた。そしてこの地でマデロは「サンルイスポトシ綱領」を発表してディアス打倒に向けた全国的な武装蜂起をメキシコ国内に呼びかけた。このマデロの動きを受けて、モレロス州内でもレフォルマ革命の代表的人物の一人であるオカンポ▲の名を付したメルチョール・オカンポ・クラブが八〇名近いメンバーを集めて独裁政権打倒運動を開始した。アヤラ村のトーレス゠ブルゴスの家ではサパタを含む政治に関心をもつ者たちが頻繁に集まった。村人たちは「サンルイスポトシ綱領」の写しを手に入れ、その第一条に「奪われた土地の返還」が盛り込まれていることを知っていた。やがてアネネクイルコ、アヤラ、モヨテペックの集落と村が共同防衛委員会を結成し、サパタがその委員長に選ばれた。同委員会はマデロの真意を確かめるために、トーレス゠ブルゴスをテキサス州サンアントニオにまで派遣した。マデロが農地問題を真剣に考えていることを確認してもどってきたトーレス゠ブルゴスは、サパタらと一九一一年三月十一日にアヤラ村の警察の武装解除をおこない、中央広場で村民大会を開いた。この時、モレロス州で最初の「サンルイスポトシ綱領」が読み上げられ、約七〇名からなるマデロ運動に賛同した者たちが武装蜂起を決行した。官憲との武力衝突でトーレス゠ブルゴスが死亡したため、サパタがモレロス州におけるマデロ運動のリーダーに選ばれ、ディアス独裁体制打倒の運動を率いることになった。

　このようにサパタは最初からその指導力を認められてリーダーとなったわけではない。武装蜂起した野心をいだく首領たちが主導権争いのなかでもっとも無難であると考えたサパタを選んだにすぎなかったからである。サパタはモレロス州の正式なマデロ運動のリーダーとしての地位を認められるにつれて、メキシコ市内で開かれた秘密の会合に何度か出席し、のちにサパタ農民運動の理論的指導者となるディアス゠ソト゠イ゠ガーマ▲や参謀となるマガーニャらと知己となり、立憲政府の樹立・選挙・言論の自由・労働時間の短縮・土地の返還などの問題を語り合う仲間に出会った。

▼アントニオ・ディアス゠ソト゠イ゠ガーマ　サンルイスポトシ州出身の法律家。ディアス時代末期に国外に追放された。革命勃発で帰国し、サパタ運動に参加。アグアスカリエンテス会議で農地改革政策を主導した。

このようなモレロス州の動きは、ディアス連邦政府軍にとって首都から遠いアメリカ合衆国との国境地帯でマデロを擁立して戦うビリャやオロスコの率いる反乱勢力討伐のうえで、背面からの脅威であった。首都を南部から攻め込む位置にあるモレロス州のサパタ農民軍の反乱によって、ディアス政府は政府軍を北部と南部に二分しなければならなかったからである。そして北部の攻防戦が優先された結果、サパタ農民軍は激しい戦闘を経ることなくマデロ運動の勝利に大きく貢献した武装勢力の一つとなった。

マデロとサパタ農民運動

一九一一年五月二十五日の独裁者ディアス大統領の辞任を受けてレオン゠デラバーラ▲暫定政権が発足し、六月七日にメキシコ市の鉄道駅に到着したマデロは熱狂的な歓迎を受けた。このマデロの凱旋を駅舎で出迎えた最初のグループのなかにサパタもいた。翌日サパタは、革命勢力のリーダーたちとともにマデロの邸宅でおこなわれた会見に出席した。この時から約六カ月、サパタはマデロを尊敬し、真摯な支持者であった。時にはマデロへの不信感が生まれたこと

▼**フランシスコ・レオン゠デラバーラ**（一八六三〜一九三九）　ケレタロ州出身の法律家・外交官。多くの国に駐在し、一九〇八年に駐米大使、一一年四月に外務大臣となり、同年五月のディアスの亡命で職務上から暫定大統領（五月二十六日〜十一月六日）に就任した。

暫定大統領レオン゠デラバーラ(中央)とマデロ(その右手)

もあったが、三五年におよんだ独裁者ディアスを追放した人物として、また土地問題に関心を寄せてくれる指導者として、サパタはマデロに尊敬の念をいだいていた。

しかしディアス亡命後に暫定大統領の座についたレオン゠デラバーラはディアス時代のエリート外交官で、駐米メキシコ大使を経験したのちディアス政権最後の外務大臣を務めた人物である。彼には農民のおかれていた状況を理解する知識も、また関心もなかった。その結果、ディアス独裁者追放の立役者マデロとレオン゠デラバーラ大統領の見解の違いやレオン゠デラバーラを動かす守旧派の画策、さらにマデロを信じるサパタの期待などが状況を複雑にし、マデロ自身が自分の運動に参加した改革諸派と守旧派の板ばさみとなった。サパタ農民軍もマデロ運動に参加した各地の武装勢力と同様に武装解除を求められ、一時はサパタもそれに同意した。しかし治安回復のために派遣された連邦政府軍の支援を受けたモレロス州内の守旧派勢力が農民軍の鎮圧をめざしてさまざまな画策をはかると、状況は大きく変化した。

サパタは連邦軍の引き揚げを条件としてマデロの求める武装解除に同意した

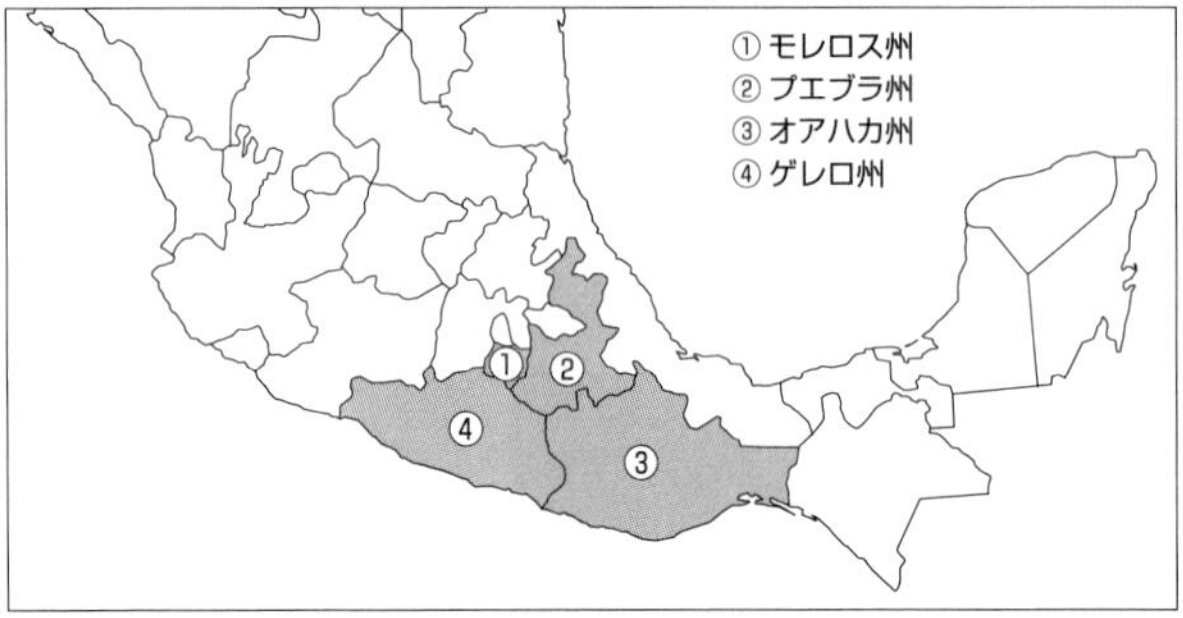

サパタ勢力がゲリラ活動をしたメキシコ南西部

が、マデロには連邦軍を引き揚げるという決断ができなかった。しかしサパタを説得できると信じていたマデロはサパタとの接触に積極的であった。マデロが首都からクアウトラまで出向いた一九一一年八月十八日の会談の席に、サパタはもっとも親しいグループの首領たちだけでなく、クアウトラ周辺の村の代表者たちをも出席させ、マデロとの協定書を作成した。その内容は、州知事候補を守旧派からださないこと、連邦軍をモレロス州から撤退させること、州の警察署長官にマデロ実弟ラウル・マデロを任命することを条件に、武装解除に応じるというものであった。しかしマデロはまだ大統領の権限を握っておらず、サパタらの要求を即座に実行できる立場になかった。一方、モレロス州内に駐屯する連邦軍の行動は農民からの食料・家畜の強制的調達のような深刻な事態を頻発させており、サパタは八月二十七日に「モレロス農民に告ぐ」と題する宣言文を発表して州内各地で武力行使する連邦軍と連邦政府を非難した。

　これに対して連邦政府はマデロ運動の南部解放軍司令官サパタの逮捕を命じた。連邦軍を率いたウエルタ将軍がサパタ逮捕作戦を開始したため、サパタは州南部へ逃れ、さらに隣州のプエブラ州へ移動した。この逃走の過程でサパタ

立憲大統領となってメキシコ市に凱旋するマデロ（オゴルマンの壁画より）

はプエブラ州、オアハカ州、ゲレロ州にサパタ農民軍を支援する同志の輪を広げていった。一方、ウエルタ将軍の率いる連邦軍はモレロス州全域を制圧したが、これは逆に州内各地の農民たちを武装させ、ゲリラ兵士へと変身させることになった。この過程でサパタはモレロス州中央部の農民軍リーダーから実質的に南部メキシコの農民軍のリーダーとなり、ゲリラ戦術によって中央の権力と闘うメキシコ革命の農民闘争の伝説的英雄となったのである。

一九一一年十一月六日に大統領に就任したマデロはサパタ勢力との和解を求めて努力した。しかしディアス時代の支配階級に属し、国内屈指の大富豪であるマデロは、ディアス独裁者打倒の蜂起に参加したさまざまな勢力がもっと根深い社会的・経済的矛盾に対する不満から立ち上がったことを十分に理解していなかった。さらにメキシコ国民が民主政治を遂行するに足る条件をすでに備えていると信じ、民主政治の確立こそまず実現すべき課題であると考えていた。マデロと彼を支持した自由主義者たちの求めたものは根本的な社会改革ではなく自由と政治的民主主義にすぎなかった。マデロはディアス時代の旧体制を解体することなく「自由と民主主義」をスローガンとした施政に固執し、サパタたちが期待していた土地問題の解決よりもまず政治の民主化を確立させ、そのうえで土地問題に取り組むことを主張した。このようなマデロに対してサパタらは独自の急進的な農地改革案である「アヤラ綱領」を同年十一月二十八日に提示して、マデロと決別した。

「アヤラ綱領」とは、サパタ農民勢力が発表した全一五項目からなる革命綱領である。その中でサパタらはマデロ大統領を「マデロ運動を支持した農民を裏切った」と非難し、マデロにかわってオロスコ将軍を革命運動の首領にすると宣言すると同時に、革命委員会を設立すること、アシエンダが不法に占拠した村の農地・森林・水利権の返還、土地をもたない農民への土地の再配分、それに反対する者の土地の強制接収などを明記した。この宣言文は、サパタを総大将として、七名の将軍、二七名の大佐、以下多くのメンバーの署名が付された文書である。主として原案をまとめたのはアヤラの小学校教師モンターニョであった。

破壊された製糖工場の残跡

ゲリラ闘争への道

　サパタ農民軍は「アヤラ綱領」を掲げてマデロ政府に反旗を翻したのちは激しいゲリラ活動を展開し、一時はモレロス州だけでなく隣接するプエブラ州とゲレロ州の農民軍と連携して約三万の農民を武装させた。マデロ大統領は一九一三年二月にウエルタ将軍による陰謀で暗殺され(「悲劇の一〇日間」、三九頁参照)、その後ウエルタ将軍による反革命政権時代が一四年七月まで続いたが、この間もサパタ農民軍は連邦政府軍を相手にして戦い続けた。この一九一三〜一四年にかけてのモレロス州は武装した州内の各自治体の連合体として存在し、トラルティパサンにおかれたサパタの軍司令部が政治の中心となった。この間に州内のすべての糖業アシエンダは徹底的に破壊された。

　打倒ウエルタをめざして結集した最大の勢力は、先に紹介したように北部コアウイラ州知事のカランサを中心とする護憲派勢力である。そしてカランサの「グアダルーペ綱領」に呼応して合流した最大の勢力は北部チワワ州の武装勢力を率いたビリャであった。サパタ農民勢力はカランサの指揮下にはいらず、独自のゲリラ戦に徹した。その結果はウエルタ連邦政府軍を北部と南部に分断することになり、ウエルタ政権の打倒に間接的に貢献した。

この間、サパタの率いる南西部解放軍はメキシコ中央部から南部一帯に勢力を拡大し、「アヤラ綱領」の同調者を広げていった。サパタ農民軍はゲリラ活動を通じて戦術を学んでいった。またサパタ自身、ゲリラを受け入れ、連邦政府軍を離脱した将軍がゲリラ部隊を訓練した。サパタはまた、正規軍隊としての組織・軍規・給与・遺族に対する手当などの体制を整え、司令部にプエブラ州出身の若い技師パラフォクス▲のような知識人をおいたほか、メキシコ市内の進歩派知識人たちとの交流も保っていた。そのうちの一人が農地改革の牽引役をはたすことになるメキシコ市の急進派弁護士ディアス＝ソト＝イ＝ガーマ（六一頁参照）である。学生時代からフローレス＝マゴン兄弟らと交流があり、外国資本とカトリック教会を糾弾する急進的なディアス＝ソト＝イ＝ガーマはディアス体制に批判的な新聞に過激な主張を掲載するなどの活動をしていた。マデロ時代に活発となった首都の労働運動を指揮したが、マデロ政権による言論の弾圧を機にサパタ農民運動に参加し、ウエルタ政権時代に弾圧された首都の労働運動のリーダーたちをサパタ農民軍が受け入れる基盤をつくっ

▼**マヌエル・パラフォクス**（一八七六?〜一九一八）　プエブラ州出身の技術者。サパタ運動に参加し、サパタの秘書として活躍。アグアスカリエンテス会議派政府の農業大臣として農地改革を推進した。

モレロス州のサパタ農民運動

●——南部農民の特徴である白い作業服とつばの広い麦わら帽子のサパタ農民軍

●——武装蜂起した農民（サパタ博物館の壁画）

●——土地の返還手続き（サパタ博物館の壁画）

た人物である。

ビリャ勢力とカランサ勢力の対立がもっとも激しかった一九一四年春から一六年末にかけての約二年半は、モレロス州にとって比較的平和な時期であり農地改革が実施された時期となった。一九一四年の秋までにモレロス州内のアシエンダはすべて接収されていた。ディアス゠ソト゠イ゠ガーマが州の農地委員会を組織し、各自治体が自発的に農民の土地を取り戻す作業を開始していた。

一方、一九一四年七月二十五日にウエルタ政権が倒れ、それまでカランサの指揮下にはいっていた護憲主義を掲げる諸勢力が分裂してビリャとカランサの対立が深刻化するなかで、カランサはサパタ農民勢力との和平を模索して使者をクエルナバーカまで送り、農地問題についても歩み寄りの姿勢をみせている。カランサが約束した諸勢力の武将会議が十月一日から、はじめメキシコ市で開催され、のちに中立の都市アグアスカリエンテスに移動して武装勢力間の調整を図った。しかしサパタはこの会議に出席しなかった。それにもかかわらず次章で取り上げるように、アグアスカリエンテス会議は「アヤラ綱領」を全国の革命目標へと昇格させ、サパタ農民勢力にとって大きな転換期となった。

アグアスカリエンテス州政庁舎の壁画　「アヤラ綱領」を討議するアグアスカリエンテス会議の光景が描かれている。

④―カランサと対立したビリャとサパタ

アグアスカリエンテス会議（武将会議）と革命勢力の分裂

諸勢力の武将を集めて開催されたアグアスカリエンテス会議は、サパタ農民運動が一九一一年に掲げた「アヤラ綱領」を全国的な革命目標として正式に認知した重要な会議である。この会議は、一九一三年三月にカランサが呼びかけた「グアダルーペ綱領」のなかで「護憲派勢力が勝利したのちに諸勢力の武将が一堂に会して今後の政治運営のあり方を討議する」と明記した趣旨にもとづいて首都メキシコ市で開かれたが、カランサに有利な首都での開催にビリャ派とサパタ派が反発して代表を送らなかったことから一〇日後に会場を中立の地であるアグアスカリエンテス市に移して開催されたものである。武将会議の招集は、反ウエルタ闘争の過程でビリャとカランサの間で取り交わされた和平協定である「トレオンの合意」においても、約束された要件の一つであった。

首都メキシコ市をいち早く占拠したカランサ派のオブレゴン将軍の功績によってカランサは護憲派勢力第一統領として革命勢力を統括し、ウエルタ政権打

アグアスカリエンテス会議派大統領グティエレス（左より二人目）

倒の運動に参加した諸勢力の代表が一堂に会する会議を一九一四年十月一日からメキシコ市内で開催した。代表の資格はウエルタ反革命勢力の敗退を決定した「サカテカスの会戦」以前に護憲派勢力として武装蜂起していた勢力にかぎられた。しかしビリャ派が欠席したため、カランサの代理人としてオブレゴン将軍がチワワ市にでかけ、ビリャ派の出席を促した。このオブレゴンの調停によって、ビリャは三七名の代表をアグアスカリエンテス市に会場を移した武将会議に送り込んだ。ビリャ自身の代理人は腹心の参謀でもあるアンヘレス将軍であった。アンヘレス将軍は自らモレロス州に出向いてサパタを説得し、サパタ派の武将二六名を会議に出席させた。サパタの代理人となったのはディアス＝ソト＝イ＝ガーマで、ほかに二五名がアンヘレス将軍とともにアグアスカリエンテスに向かった。

それぞれの勢力が擁する兵卒一〇〇〇名につき一名の武将を送って今後の方針を討議する場となったこの会議が、すべて厳格に運営されたわけではない。名称は武将会議であったが、ディアス＝ソト＝イ＝ガーマのように軍人の階級を有していても、一度も戦場にでたことのない参謀付の秘書も含まれていた。

しかし市内のモレロス劇場を会議場にして国歌を斉唱し宣誓するという儀式で開始された武将会議は内戦終結のための激論を交わす場となり、革命の方向を決定する重要な会議となった。出席した武将とその代理人の総数一五二名のうちビリャ派が三七名、遅れて出席したサパタ派が二六名、そして残りの過半数はカランサ派とその他の勢力であった。会議を取りまとめたのはカランサの側近として活動してきたビリャレアル▲を中心とするカランサ派の武将たちであったが、カランサもサパタも会議に出席しなかった。ただしビリャ自身は一万五〇〇〇名の兵力をともなってチワワから南下して会場から一六〇キロ離れたグアダルーペにとどまり、一度だけ会議場に出向いたことがある。

　サパタ派代表団が参加した会議の後半で農地問題に関する革命勢力の意志が統一された。一九一一年十一月に発表されたサパタ農民運動の「アヤラ綱領」のみがアグアスカリエンテス会議のめざす革命目標であることを熱心に説いた二人のサパタ派代表ディアス＝ソト＝イ＝ガーマとマルティネス▲の演説で会議場は二分され、サパタ派の主張を受け入れたビリャ派とサパタ派が訴えた「パンと正義」「土地と正義」「自由と正義」というスローガンに賛同したカランサ

▼**アントニオ・ビリャレアル**（一八七九〜一九六七）　ヌエボレオン州出身。反ディアス運動に参加し、アメリカでメキシコ自由党創設に加わり書記を務めた。革命勃発でメキシコに帰国し、カランサ派に参加。ヌエボレオン州知事。アグアスカリエンテス会議で護憲派の第三勢力として改革を推進。

▼**パウリーノ・マルティネス**（?〜一九一四）　弁護士。アネネクイルコの土地権利書の問題で一九〇九年からサパタと知り合い、サパタ農民運動の実務的リーダーとしてサパタをささえた。

▼**エウラリオ・グティエレス**（一八八一～一九三八）　コアウイラ州出身の革命家。メキシコ自由党に共鳴し、のちマデロ運動に参加。アグアスカリエンテス会議で暫定大統領となった。

派の一部の武将たちによって、最終的にはアヤラ綱領がメキシコ革命の基本原則として採択された。同時に、出席した武将たちの多くがカランサを第一統領と認めることを拒否したため、妥協案としてまとめられた最終決議で「カランサとビリャが同時に政治的・軍事的指導者としての立場から身を退き国外へ退去し、同会議が暫定大統領を選出して政府を組織し、全革命軍を掌握する」ことになった。ビリャはこの決議案を受け入れた。しかし首都にとどまっていたカランサは回答を引き延ばしただけでなく、側近とともに首都からベラクルスへ移動して実権の保持を画策した。一方、武将会議はグティエレス▲を暫定大統領とする会議派政府を樹立した。オブレゴン将軍がカランサ派を擁護して会議派政府から離脱したため、反ウエルタ運動で結束した諸勢力はビリャとサパタの同盟派とカランサ派に分裂し、どちらにもつかない中立派が状況を見守るという内戦状態にふたたび突入した。

会議派政府を護衛して首都に到着したビリャがはじめてサパタに会ったのはメキシコ市近郊のソチミルコである。サパタの家族を含むモレロス州農民運動の指導者たちがビリャをむかえての初対面となった。二回目はビリャ軍とサパ

国立宮殿のビリャ(左)とサパタ(右)

タ軍がメキシコ市内を行進したあとで、二人が中央広場に面した国立宮殿内の大統領の執務室で会ったときである。写真で見るように、大統領の椅子に座って豪快な笑顔を見せるビリャに対してサパタは緊張した表情を見せている。これは二人の対照的な性格を映し出していると解説される歴史的写真である。

会議派政府と護憲派政府の対立

アグアスカリエンテス会議(武将会議)に集まった武将たちがカランサを第一統領と認めず暫定大統領に選出したグティエレスは、マデロ運動に参加し、カランサの「グアダルーペ綱領」に呼応して武装勢力を率いた武将であったが、決して有力な領袖ではなかった。またグティエレスは会議派政府を樹立したものの、カランサ勢力の反撃によって政府を首都からモレロス州の州都クエルナバーカに移してサパタ勢力の庇護下にはいり、さらにメキシコ州府のトルーカへと移動するというほど非力であった。この間にグティエレス大統領が特筆に値するような政策を実施することは不可能であったが、この短期革命政権下でモレロス州が農地改革を実施できたことは大きな功績である。グティエレスは

アグアスカリエンテス会議派政府勢力図（一九一四年十二月）

革命勃発前のメキシコ自由党の闘士であり、マデロ運動に参加してサカテカス州知事時代に改革の政治に取り組んだ革新派の領袖の一人でもあった。ビリャ勢力とサパタ勢力に対抗するカランサ勢力の激しい反撃のなかにあっても、農業大臣パラフォクスの農地改革の実施をあと押した。会議派政府にはサパタの有能な参謀であったパラフォクスが農業大臣に、同じくモンターニョが文部芸術大臣に、さらにマガーニャがメキシコ市長（閣僚級の地位）に任命されたことから、会議派政府はサパタ派の人材の活動の場となったからである。とくに農業大臣となったパラフォクスが積極的に取り組んだ農地改革は会議派政府の存在意義を歴史に残した。

　プエブラ州出身のパラフォクスがサパタ陣営に参加したのは一九一一年十月で、農民勢力が必要とする高等教育を受けた人材の一人としてサパタ勢力に受け入れられた。野心家ではあったが農民のかかえる土地問題を理解した彼はサパタの右腕となり、サパタ農民運動の中枢でサパタを支える人材となった。パラフォクスは、会議派政府の農業大臣として、会議派政府の勢力下にはいった地域における土地の再配分と自治権の確立を二大柱とする農地改革を実施した。

カランサ派政府勢力図（一九一五年十二月）

彼は行動力のある有能な実務家でもあった。一九一五年、早々に国立農村融資銀行を設立し、農業省内に土地譲渡のための特別局を設置して、農村自治体からの自発的な土地返還請願の申請を呼びかけた。とりわけモレロス州には国立農業学校の卒業生たちを送り込み、土地の測量と配分を実施した。

農地改革はアヤラ綱領で明記された村の自治と慣習を尊重したやり方でおこなわれた。約半年をかけて州内の土地の測量を完了し、土地・農地・森林・灌漑施設・その管理方法などが整備された。村の共有地として返還できなかった土地は農業大臣パラフォクスの裁量で革命に敵対する者の財産として国に没収された。パラフォクスはまた接収した製糖工場や蒸留酒製造工場の一部を稼働させて、経済の復興にも力をいれた。

一方、護憲派勢力第一統領としてのカランサが移動したベラクルス市はメキシコ湾に面する国内でもっとも重要な港町で、欧米の気風が直接伝わるリベラルな都市である。同時にベラクルス地方は古代文明を開花させた先住民人口が集中する地域の一つであり、二十世紀初頭のメキシコ自由党が活発な活動を展開した地域で、マデロ運動の当初から護憲派勢力が優勢な地域でもあった。そしてなによりもカランサ臨時政府の首都として適切だったのは、カランサの娘婿であるアギラール▲が州知事であったことである。

カランサがベラクルスに移動したとき、ベラクルス市はウエルタ時代に発生した事件（タンピコ事件▲）でアメリカの海兵隊に占拠されていたが、アメリカ政府は海兵隊を撤退させてカランサ寄りの姿勢を示した。カランサはここで一九一五年一月六日に農地法を公布した。この農地法の制定の背景には明らかにカランサのサパタ農民運動への妥協の姿勢があった。またカランサの農地改革への姿勢は、ベラクルス地方の革新勢力に強い影響を与えて州内の農地改革の実施を促進させた。農業委員会が結成されるのは一九二三年になってからであるが、護憲派勢力のなかでも急進派であったテヘーダ＝オリバーレス▲の支援によって、ベラクルス州はモレロス州と並んで一九二〇年代前半にエヒード制▲の導入を含む大規模な農地改革を実施した州の一つとなった。

農地改革への道

サパタ農民運動が主張した農地改革は、マデロ主導の革命勃発当初は、それ

▼**カンディド・アギラール**（一八八八〜一九六〇）　ベラクルス州出身。マデロの再選反対運動に参加し、カランサのグアダルーペ綱領に賛同して北東部師団に参加して戦い、ベラクルス州知事（一九一六〜一八）となり農地改革を指導。

▼**タンピコ事件**　一九一四年四月九日にタンピコ港に上陸したアメリカ艦船の乗組員がメキシコ側に逮捕された事件。米ウィルソン大統領は海兵隊をベラクルス港へ派遣して約一年半占拠させた。

▼**アダルベルト・テヘーダ＝オリバーレス**（一八八三〜一九六〇）　ベラクルス州出身の技師（土木工学）。ベラクルス州のマデロ運動と護憲派勢力に参加。一九一七年に軍隊を退いて州政治に関わり、州知事（一九二〇〜二四）として農地改革を推進した。

▼エヒード制　元来は植民地時代に再編成された先住民の村落共同体の共有地。村人が共同で利用した牧草地や山林などを意味した。メキシコ革命の農地改革では新しい農地利用の概念として規定され、農民は村落単位で分譲された農地の耕作権のみが与えられた。

ほど大きな重みと求心力をもっていなかった。各地の武装勢力は独自の社会基盤に立っており、武装蜂起の目標も参加する者たちの状況も多様であった。政治の民主化を求めたマデロ運動が先行し、マデロ運動を継承した護憲派勢力を率いたカランサはビリャともサパタとも合意を形成できなかった。しかしすでに紹介したように、ビリャとサパタは闘争の過程で農地改革を要求する勢力を全国に広げたばかりでなく、限定的ではあったが支配権を握った地域において農地改革を実施した。とくにサパタ農民運動はマデロ(一九一一〜一四年)、ウエルタ(一九一四〜一五年)、カランサ(一九一五〜二〇年)という中央政界を支配した三代政権をつうじて、包囲網をかいくぐり共闘勢力を求めて外部との接触を積極的におこなうことで農民運動を全国規模に拡大させた。アグアスカリエンテス会議派政府によって首都を追われたカランサが、ベラクルスにおいて一九一五年一月六日に「農地法」を発表して農民勢力との歩み寄りをはかった一因もここにある。カランサにとって会議派政府の成立は、農民勢力を再認識する機会となった。ただしカランサ暫定政府が公布した農地法は、農民の要求する土地と共有地の問題に関する歴史的経緯と現状について述べた長い前文と全十二条からなる「奪われた土地の返還」の諸条件を述べているものの、具体的な土地の分割と分配およびそれらの条件などについては言及していない。執行機関としては既存の拓務省に国家農業委員会を設置するとしていた。

ビリャもまた一九一五年五月二十四日に会議派政府軍総司令官の資格で全二十条から成る農地法をレオンで公布した。ビリャの農地法はカランサの農地法よりも具体的な土地分割方法と早急な取り組みをめざす期間を設定している。しかも農地改革を実施するのは州政府の責任であることを明確にしており、農地改革を連邦政府の権限で実施しようとするカランサに対して地方の自治権下でおこなうことを第一義的に考えている点で大きな違いがあった。

このビリャの農地法に遅れて会議派政府は一九一五年十月二十六日にクエルナバーカで全三十五条から成る農地法を公布した。この時期のビリャはオブレゴン軍に連敗してチワワ州に封じ込められており、会議派政府は首都を逃れてサパタの拠点であるモレロス州に移動していた。この農地法は前文において革命の目標となっている「アヤラ綱領」を引き継ぐものであることを謳い、一八五五年のファアレス法▲以前の共有地の回復を保証し、国家は伝統的かつ歴史的な

▼ファアレス法　カトリック教会と軍部が植民地時代から保有していたフエロと呼ばれた特権（税の免除と特別裁判権）を廃止した一八五五年の法律。

所有権を認めるとしている。また革命に敵対した者の所有地を接収し、敵対しなかった者の所有地の規模については気候・土壌・灌漑などの条件から細かく一七段階に分けて所有面積の上限を定めているほか、半砂漠地帯の北部諸州には最高一五〇〇ヘクタールまでの土地所有を認めている。

このように発表されたサパタの「アヤラ綱領」(一九一一年十一月)、カランサ暫定政府の「農地法」(一九一五年一月)、ビリャの「農地法」(一九一五年五月)、会議派政府の農地法(一九一五年十月)という一連の農地改革法が、一九一七年二月五日に公布された革命憲法第二十七条の詳細な条文の下書きとなったことは明らかである。メキシコ革命史上もっとも重要な成果であるこの一九一七年の革命憲法は、一八五七年憲法第九条の「国民の意思の表明」という規定にもとづいて一九一六年十月に実施された制憲議会議員の選挙によって選出された代議員たちが、同年十二月一日から翌一七年一月三十一日にかけてケレタロ市で制定したものである。この制憲議会議員選挙ではサパタ派もビリャ派も立候補の資格を否定され、カランサ派以外の諸派を完全に排除した状態で選挙がおこなわれたことから、制憲議会はカランサが準備した一八五七年憲法の修正をめざすものだと一般的に考えられた。しかも二カ月という短い期間で審議することになっていた。しかし開催された制憲議会は、穏健な改革をめざすカランサが用意した一八五七年憲法の修正案を審議するという作業をはるかにこえて急進的な制憲議会へと変容し、革命憲法を制定したのである。

メキシコ革命の理念と目標を成文化した一九一七年憲法は全九部一三六条からなり、革命闘争の過程で提示されたメキシコ社会のあるべき姿をめざした次のような新しい特徴を盛り込む結果となった。国家形態は代議制・民主制および連邦制という旧憲法(一八五七年憲法)の規定をそのまま継承したが、旧憲法とは異なり強大な権限を大統領に付与した。それは、権力を大統領に集中させることを悪とした旧憲法で立法府に大幅な権限が与えられたため、結果として行政の効率化をねらった独裁体制を生み出したという反省からきていた。そして同時に独裁者の出現を予防するために、大統領の「再選の絶対禁止」が明記された。さらに農地改革(第二十七条)、労働者保護規定(第一二三条)、政教分離(第二十四条および第一三〇条)などで革命憲法の特徴が明確に示された。

革命憲法における土地に関する第二十七条は全一八項からなっていた。同憲

政権別にみた農地改革の実績

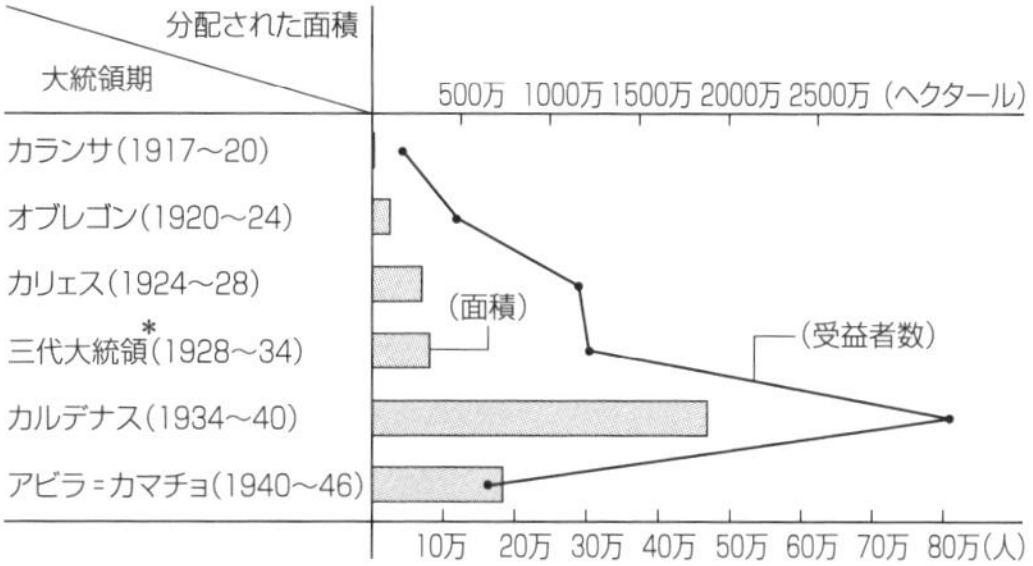

*ポルティス=ヒル(1928〜30)，オルティス=ルビオ(1930〜32)，ロドリゲス(1932〜34)

法は私有財産制を認め、所有権の不可侵性(十四条)を規定しているが、この第二十七条で「土地と水の所有は根源的に国家に帰属する」とし、公共の利用のための国家権力の発動に根拠を与えている。また農民への土地の返還・譲与を含めてサパタ農民運動が提示した「アヤラ綱領」の理念を盛り込んだほか、さらに外国人および宗教団体の土地所有を禁止した。地下資源の根源的所有権は国家に帰属するものとされ、メキシコ人およびメキシコ法人だけが土地・水などの所有権を取得する権利を有し、鉱山・水資源の開発および利用の権利譲渡を受けられると規定した(第一項)。ただし以上の規定は一九九二年の憲法改編で大幅に変更されている。

サパタ農民運動が主張して戦った農地改革は、一九二〇年の農業委員会の設置に続き歴代政権によって実現された。しかし配分された農地面積と受益者数を示したグラフで分かるように、農地改革が本格的に取り組まれるのは一九三四年に政権の座についたカルデナス大統領時代になってからである。

バヒオ地方　メキシコ中西部のミチョアカン州とグアナファアト州一帯に広がる穀倉地帯。

北部師団の敗北とビリャの引退・暗殺

アグアスカリエンテス会議において擁立されたグティエレスが率いる会議派政府が首都に移った一九一四年十二月からビリャ派が敗退する一九一五年の六月にいたる約半年は、ビリャ派とカランサ派が激しく交戦した期間となった。

ビリャはグティエレス大統領を首都に護送すると同時にサパタと会談したが、両者が強固な連携作戦を立てたわけではなかった。ビリャは北部師団を率いて北部にもどり、サパタはモレロス州の回復に全力をあげた。そのようななかでグティエレス大統領はほとんど無力の状態で首都に残され、護憲派勢力の反撃が強まると首都を脱出した。一九一五年一月にオブレゴン将軍が首都を奪還し、カランサ臨時政府はベラクルスから首都へもどった。この間、サパタ軍はオブレゴン軍の首都進攻を食いとめることができなかった。

首都を奪還したオブレゴン将軍の率いる護憲派軍は、四月から六月にかけて戦った中部のバヒオ地方における激戦でビリャ軍を敗退に追い込んだ。四月七日のセラヤの会戦では、ビリャの主力部隊二万五〇〇〇名に対してオブレゴンの兵力は一万五〇〇〇名であったが、鉄条網と塹壕という新戦術を採用したオブレゴンの作戦で騎馬隊を主力とするビリャ軍は敗れた。セラヤの会戦は、ビリャ軍が大砲三四門中二八門の損失と兵力二万五〇〇〇名中戦死者だけでも六〇〇〇名という甚大な被害をだし、捕虜となったビリャ軍の将兵三〇〇〇名が銃殺されるなど、メキシコ史上でも記録的な戦いとなり、メキシコ革命の行方を決定した決戦となった。このセラヤの大敗北を挽回するためにビリャはすべての兵力を結集してセラヤから北方へ一〇〇キロのレオンでオブレゴン軍と戦い、ふたたび敗れた。さらに北へ撤退しながらサカテカス、トレオンという、かつてビリャがウエルタ反革命政府軍を連覇した同じルートをオブレゴン軍に敗北をかさねてビリャ軍はチワワにたどりついた。これはかつて連勝を誇った北部師団の敗退であり、解散への道でもあった。兵力の大半を失い、同志の将軍たちの多くを戦死させ、あるいはビリャのもとから立ち去る将兵も少なくなかった。

チワワ州にもどったビリャがとった作戦はチワワ州の西側のソノラ州を奪還して起死回生をはかることであった。一九一五年十月、ビリャは六〇〇〇名の兵力を率いて西に向かい、二〇日におよぶ西シエラ山脈越えの厳しい進軍のう

ビリャ軍の北方への敗退とソノラ遠征ルート

えにソノラ州とアメリカ国境に位置するアグア・プリエタにたどりついた。しかしこのソノラ遠征は失敗し、敗残兵を率いてチワワにもどったビリャを待っていたのは、チワワ州の重要な拠点都市シウダー・フアレスを守っていたビリャ軍がオブレゴン軍に投降していたことである。こうして軍事物資を調達するための重要なルートと兵力を失ったビリャは、一九一五年十二月に北部師団を解散し、最後まで従った数百名の同士に将来の自由な選択を申しわたし、ビリャ自身は少数の部下だけをつれて山中に姿を消した。ビリャがチワワ市を去った直後の一九一六年元旦、カランサ派の部隊がチワワ市を占拠し、メキシコ各地に残っていたビリャ派の将兵たちが次々と投降した。

　ビリャの敗北には、アメリカ政府のメキシコ政策の転換が大きくかかわっている。ウィルソン大統領は当初ビリャに友好的で、国境をこえての武器弾薬や物資の移送に寛容であった。しかしベラクルスにおけるカランサ政府の樹立に協力的となり、一九一五年十月にカランサ政府を正式に承認し、さらにカランサ政府以外の勢力への武器輸出を禁止するなど、ウィルソン政府の対メキシコ政策はビリャ支持からカランサ支持へと移っていた。このアメリカのカランサ

▼**アドルフォ・デラウエルタ**（一八八一〜一九五四）　ソノラ州出身の会計士・政治家。護憲派勢力に参加し、ソノラ州知事として州内の改革に尽力。

支持政策に反発したビリャは、北部師団を解散したのちの一九一六年一月から三月にかけて国境のアメリカ側に進撃しアメリカ国民を殺害するという報復行動にでた。これに対してアメリカ政府は「ビリャ懲罰隊」五〇〇〇名の兵力をメキシコ領内に送り込み、約一年にわたりメキシコ北部一帯でビリャを捕獲するための軍事行動を続けた。しかしビリャはたくみに逃走して捕まらなかった。

チワワ州に追い込まれたビリャはカランサ政府の転覆を計画したが、実行にふみきる前の一九二〇年にソノラ州知事デラウエルタ▲による反乱蜂起によってカランサ大統領は首都を脱出し、ベラクルスへ向かう途中で暗殺された。ビリャは一九二〇年八月三十一日にデラウエルタ暫定政府と和平協定を結び、ドゥランゴ州とチワワ州内に四つのアシエンダを与えられ、武器と馬の保有も認められて武力抗争から完全に手を引いた。ビリャ自身はドゥランゴ州のカヌティーリョ農園で政府が給与を支給する五〇名の護衛隊と暮らし、農園経営者としても抜群の才を発揮したことで知られている。半砂漠の中のカヌティーリョには電気・電話・電報・各種の商店・学校までつくられた。しかし一九二三年七月二十日に車で外出したビリャは、パラールの市街地で待ち伏せしていた暗殺

ニューメキシコ州コロンバス町警察長官名で出された五〇〇〇ドルの賞金をかけられたビリャのビラ（一九一六年）

集団に襲撃された。十数発の銃弾を受けての即死だった。

サパタ農民軍の敗北とサパタの暗殺

ウエルタ反革命政権が倒れ、護憲派勢力の主力部隊が北部でビリャ討伐を展開していた一九一四年春から一六年末までのモレロス州は、独自の改革を実施できるほど比較的平穏な時期を経験した。カランサの率いる護憲派勢力が首都を奪還し、一九一五年十月十日に崩壊したのちの会議派政府を実質的に代行したのはモレロス州のサパタ勢力であった。会議派政府南部解放軍総司令官であるサパタが軍事面を掌握し、行政面では有能な専門家が複数司令部付書記として外部との交渉から広報活動を含めて担当し、州知事としてロレンソ・バスケスが指揮をとった。サパタはつねにモレロス州内だけでなく全国の武力勢力との連携を保つために連絡役を派遣し、地域の利益のみを追求して状況次第で容易に寝返るさまざまな武装集団を結集する努力を続けた。またアメリカ政府のメキシコ政策にも強い関心をもち、代表をワシントンにおくと同時にアメリカ政府のサパタ支援策をも模索していた。十月十九日にウィルソン大統領がカラ

カヌティーリョ農園に引退したビリャと仲間たち（一九二一年）。ビリャ、前列左より三人目。

ンサ政権を承認し、カランサ勢力向けを除く武器の輸出を一切禁止した多難な時期にも、農地改革を目標とするサパタ勢力の方向はゆるがず、カランサ政権に対する南部の徹底抗戦の姿勢を明確にとり続けた。カランサはP・ゴンサレス将軍の率いる軍隊をモレロス州に派遣する一方で、サパタとの直接の和平交渉をもちかけた。しかしカランサに強い不信感をもつサパタ側はそれに応じることなく、ゲリラ闘争の姿勢をくずさなかった。

この間、モレロス州ではかつて栄華を誇っていた大農園はすべて接収されて農地改革が進められた。サパタ革命は自治体主導の改革であった。その結果、自治体や共同体の指導者によっておこなわれた改革は州内においても均質的なものとはならず、また利害関係の調整が難しく、サパタ勢力もまた内部分裂が始まっていた。「アヤラ綱領」の起草者でサパタの忠実な農地改革運動の推進者であったモンターニョとサパタの渉外係で有能だったマヌエル・バスケスがこの間に裏切り行為のために銃殺された。

一方、撤退していたP・ゴンサレス将軍が一九一六年春にモレロス州にもどり、サパタ勢力の討伐を再開した。そしてビリャ勢力を完全にチワワ州内に封

▼**ヘスス・グアハルド**（一八八〇?～一九二〇）　ディアス政権の職業軍人。マデロ暗殺後に護憲派勢力に参加し、パブロ・ゴンサレスの北東部師団に所属。ゴンサレス将軍のサパタ謀略の実行犯。

じ込んだカランサ政府は一九一八年一月までにモレロス州を除くほぼ全国を支配下におさめた。アメリカから自由に手にはいる武器弾薬をもつカランサ政府軍は圧倒的な軍事力でサパタ勢力を攻撃した。同年の秋にスペイン風邪の流行で多数の死者をだし、州外へ移住する人々を含めると、モレロス州の人口は激減した。この間、サパタは全国の革命勢力を結集するための特使を各地に派遣し、政府軍を脱走して来るものを解放軍にむかえいれ、さらにカランサ政府軍のモレロス駐屯部隊のなかに工作員を送り込むなどの策すら講じている。その背景には一九一七年五月一日に立憲大統領の地位についたカランサの不人気と武装蜂起した全国の首領たちのカランサへの反発があったが、政府軍の内部にもサパタ農民運動に共感をもつ者たちが少なからずいたからである。また一九二〇年の大統領選挙を睨んだ権力闘争が一九一八年には早くも始まっていた。カランサ退陣をもくろむオブレゴン将軍とバスケス＝ゴメス将軍およびサパタの三者間でカランサ排除に向けた協定が結ばれた。このような状況のなかで政府軍大佐のグアハルド▲がサパタに接触し、サパタ解放軍への寝返りを誓った。用心深く慎重なサパタはいくつかの条件をつけてグアハルドの真意を確認した

現在はサパタ記念博物館となっているチナメカ農園の宅邸

はずであった。しかし招待されたチナメカ農園の入口で待ち伏せていたグアハルドの兵士たちの銃弾を雨のようにあびて、一九一九年四月十日サパタは殺された。サパタの死は南部解放軍にとって大きな打撃であった。サパタの総司令官の任務を誰が継ぐかで内部の対立と分裂が四カ月続いたのちの九月に開かれた首領会議で、マガーニャが最高司令官に選出された。マガーニャは九年におよぶサパタ軍司令本部付の書記で、広報担当者として外部との接触ルートを持ち、農民運動が全国的な革命運動のなかで確固たる地位を保つのに大きな役割をはたした人物である。マガーニャはオブレゴン将軍の大統領選挙出馬支持を表明し、一九二〇年四月二十三日の「アグアプリエタ綱領」によるカランサ打倒のソノラ勢力の蜂起に呼応した。ソノラ州知事デラウエルタが臨時大統領となると、サパタ農民軍は南部師団として国軍に編入された。一九二〇年の選挙ではディアス＝ソト＝イ＝ガーマが全国農民党を結成して六名の連邦議会議員を当選させ、急進的な知識階級と専門家との強い関係を活かして農地改革を中央政府内で推進した。このようにしてサパタ農民運動は農地改革を実現させる礎となったのである。

パンチョ・ビリャとその時代

西暦	齢	おもな事項
1878	0	***6-5*** ドゥランゴ州サンフアン・デル・リオで生まれる。
1894	16	***9-22*** 大地主の息子を銃で撃ち，警察に捕まる。のち脱走して逃亡生活を始める。
1910	32	***11-*** ビリャ，15名の同志を率いてアブラム・ゴンサレスのマデロ運動に参加する。
1911	32	***4-*** ビリャ，シウダー・フアレスでマデロ，オロスコ勢力に合流する。
		6- マデロ，メキシコ市に凱旋。ビリャはチワワ市で市民生活に戻る。
1912	33	***1-3*** オロスコ将軍，マデロ大統領に反旗を翻す。ビリャ，マデロ大統領を支持して武装蜂起する。
		4-2 政府軍最高司令官ウエルタ将軍，ビリャを軍部規律違反で逮捕し，銃殺を命じる。
	34	***6-3*** マデロ大統領，ビリャの銃殺刑を阻止し，メキシコ市内のトラテロルコ刑務所へ収監させる。ビリャ，脱獄してテキサスへ逃亡。
1913	34	***2-22*** ビリャ，8人の同志とともにテキサスから国境をこえてメキシコ国内に潜入する。
		3-7 ビリャ，アブラム・ゴンサレスの死によって立憲革命軍北部師団司令官となる。
	35	***8-*** ウエルタ将軍の率いる政府軍に最初の大敗北を与えたレオンの会戦でビリャ軍が勝利する。
		12-8 ビリャ軍，シウダー・フアレスを占拠。暫定チワワ州知事に就任する。
		12-12 ビリャ，「革命の敵の財産没収令」をだす。
1914	35	***4-*** ビリャ，8日間の攻撃でトレオンのウエルタ政府軍を降伏させる。
	36	***6-*** ビリャ軍，サカテカスの会戦で勝利。ウエルタ政府軍の敗北を決定的なものとする。
		12-4 ビリャ，メキシコ市郊外のソチミルコではじめてサパタと会う。
1915	36	***1-15*** アグアスカリエンテス会議派政府軍に追放されていたカランサ勢力が首都を奪還する。
		4-7 ビリャ軍，セラヤの会戦でオブレゴン軍に大敗する。
		6-3 アグアスカリエンテスの会戦でビリャの北部師団敗走する。
	37	***11-*** ビリャ，ソノラ州アグアプリエタとエルモシーリョでカランサ軍に敗れる。
		12- ビリャ，北部師団を解散する。
1916	37	***3-9*** ビリャ，約100名の兵を率いて米国のコロンバスを侵攻する（コロンバス事件）。
		3-14 米政府，パーシング将軍の率いる「ビリャ懲罰隊」をメキシコ領内へ派遣（翌年2月6日撤退）。
1920	40	***3-31*** ビリャ，デラウエルタ暫定政府に恭順を示し，寛容で温情な諸条件を受けて50名の護衛兵とともに引退生活にはいる。
1923	44	***7-23*** ビリャ，パラール市内で暗殺団に襲撃され，射殺される。

エミリアーノ・サパタとその時代

西暦	齢	おもな事項
1879	0	*8-8* モロレス州アネネクイルコ村で生まれる。
1906	27	***12-15*** サパタ，トーレス＝ブルゴス教師と出会う。
1909	29	***1-15*** モレロス州知事マヌエル・アラルコンが病死し，次期州知事をめぐる選挙活動が活発となる。
		2-1 サパタも参加するレイバ派自由クラブがクアウトラで発足する。
		3-15 サパタら，クアウトラで暴動を起こす。
	30	***9-*** サパタ，アネネクイルコ村長に選ばれる。
1910	30	***2-11*** 村長となったサパタ，陸軍に徴兵される（有力な知人の画策で3月29日に除隊となる）。
		4-4 サパタ，トーレス＝ブルゴスの死によってモレロス州マデロ運動のリーダーとなる。
	31	***12-*** 武装農民を率いて土地を武力で取り戻す。
1911	31	***6-7*** マデロ，メキシコ市に到着し，サパタを含むマデロ運動のリーダーたちと会談する。
	32	***8-18*** サパタ，モレロス州に出向いたマデロとクアウトラで会談する。
		11-28 サパタ，「アヤラ綱領」を発表。マデロ大統領と決別する。
1913	33	***2-18*** マデロ，暗殺される。
1914	34	***3-*** サパタ軍，ゲレロ州都チルパンシンゴを占拠する。
		4- サパタら南部解放軍を結成し，サパタが司令官となる。
	35	***9-*** サパタ，カランサ立憲革命派と決別する。
		10- アグアスカリエンテス会議でサパタの代理人アントニオ・ディアス＝ソト＝イ＝ガーマが農地改革を主張。
		12-4 サパタ，ビリャとソチミルコで会見する。
1915	35	***6-*** 軍事拠点をトラルティサパンからソチミルコへ移す。
	36	***8-*** 立憲革命派の軍事攻勢でサパタ軍弱体化し，内部分裂する。
		9-15 サパタ南部革命軍モレロス州政府，「自治体の自由についての一般法」を発表する。
		10- 会議派政府分裂し，農業大臣パラフォックスのもとでクエルナバーカに会議派政府をおく。
		10-26 パラフォックス会議派政府農業大臣，クエルナバーカで農地法を発表する。
1916	37	***10-*** サパタ軍，戦略を変更してメキシコ市を攻撃する。
		11- サパタ南部革命軍，数カ所で鉄道を爆破し，州内各地で優勢に転じる。
		11- カランサ政府軍がモレロス州から撤退。サパタ軍モレロス州を取り戻す。
1917	37	***5-*** 裏切ったモンターニョを処刑する。
	38	***11-*** モレロス州でチブス・マラリア・赤痢が蔓延する。
1919	39	***4-10*** サパタ，連邦政府軍のグアハルド大佐による陰謀でチナメカ農園で壮絶な死をとげる。
	40	***12-*** サパタ陣営の諸勢力が大赦を条件として連邦政府軍に投降する。

参考文献

ウォーマック Jr., ジョン（向後英一訳）『サパタとメキシコ革命』早川書房，1970年

木村亮「メキシコ革命期における『民衆』への視座」（専修大学歴史学会『専修史学』46巻，2009年）

国本伊代「20世紀初頭におけるメキシコ・モレロス州糖業地帯——糖業アシエンダと村落農民の関係を中心にして」（『中央大学論集』第3号，1982年）

国本伊代『メキシコ革命』（世界史リブレット）山川出版社，2008年

国本伊代『メキシコ革命とカトリック教会——近代国家形成過程における国家と宗教の対立と宥和』中央大学出版部，2009年

国本伊代「メキシコ革命の思想——革命の先駆者リカルド・フローレス＝マゴン」（今井圭子編『ラテンアメリカ——開発の思想』日本経済評論社，2004年）

国本伊代「メキシコ革命とカランサ——革命憲法第27条にみるメキシコ民族主義とその実践」（『中央大学論集』13号，1992年）

国本伊代『メキシコの歴史』新評論，2002年

国本伊代「メキシコ・モレロス州糖業地帯の農地改革による変貌——アシエンダからエヒードへの転換と実態」（石井章編『ラテンアメリカの土地制度と農業構造』アジア経済研究所，1983年）

国本伊代「メキシコ・モレロス州における糖業アシエンダの形成と発展」（石井章編前掲書）

ニエト＝ロペス，ホセ＝デ＝ヘスス他（国本伊代監訳・島津寛訳）『メキシコの歴史——メキシコ高校歴史教科書』（世界の教科書シリーズ　25）明石書店，2009年

ピンチョン, E.（清水政二訳）『サパタ——その波らんの生涯』フジ出版社，1972年

リード，ジョン（野田隆・野村達郎・草間秀三郎訳）『反乱するメキシコ』筑摩書房，1982年

山本純一『インターネットを武器にした〈ゲリラ〉——反グローバリズムとしてのサパティスタ運動』慶應義塾大学出版会，2002年

渡辺建夫『メキシコ革命物語——英雄パンチョ・ビリャの生涯』朝日新聞社，1985年

Katz, Friedrich. *The Face of Pancho Villa:A History in Photographs and Words.* El Paso,Texas: Cinco Puntos Press, 1999.

Kats, Friedrich. *The Life of Pancho Villa.* Stanford. Calif.: Stanford University Press, 1998.

Knight, Allan. *The Mexican Revolution.* 2 vols. London: Cambridge University Press, 1986.

Krause, Enrique. *Emiliano Zapata: El amor a la tierra.* (Biografía del poder, núm. 3). México, D. F.: Fondo de Cultura Económica, 1987.

Krause, Enrique. *Francisco Villa.: Entre el ángel y el fierro* (Biografia del poder, núm. 4). México, D. F. Fondo de Cultura Económica, 1987.

Poniatowska Elena (Translated by David Dorado Romo). *Las soldaderas: Women of the Mexican Revolution.* El Paso,Texas: Cinco Puntos Press, 1999.

Stephen, Lynn. *Zapata Lives!: Histories and Cultural Politics in Southern Mexico.* Berkeley, Los Angles & London: University of California Press, 2002.

図版出典一覧

Enrique Florescano (coordinador), *Atlas histórico de México*, CULTURASEP/ Siglo Veinteuno Editores, México, D. F., 1984. *12, 29, 45, 76, 77*

Bazar de Fotografía Cassasola. *21, 22, 24, 25*上, 中

Elena Poniatowska, *Las soldaderas: Women of the Mexican Revolution*. El Paso, Texas: Cinco Puntos Press, 1999. *23*

Friedrich Katz, *The Face of Pancho Villa: A History in Photographs and Words*. El Paso, Texas: Cinco Puntos Press, 1999. *41, 72, 75, 87*

メキシコ国立公文書館(Archivo General de la Nación) 扉, *6, 10, 17, 19, 20, 25*上, 中, *37*上, 下, *43, 44, 53, 56, 57, 63, 69*上, *87*

著者提供 カバー裏, *7, 25*下, *31, 33*上, 中, 下, *50, 52, 65, 67, 69*中, 下, *71, 91*

国本伊代(くにもと いよ)
1938年生まれ
東京外国語大学スペイン語科卒業
東京大学大学院社会科学研究科(学術博士)
テキサス大学大学院史学研究科修了・Ph.D.(歴史学博士)
専攻，歴史学・ラテンアメリカ近現代史
中央大学名誉教授

主要著書

『改定新版 概説ラテンアメリカ史』(新評論2001)
『メキシコの歴史』(新評論2002)
『メキシコ革命』(世界史リブレット122，山川出版社2008)
『メキシコ革命とカトリック教会』(中央大学出版部 2009)
『メキシコ 2018〜19 年——新自由主義体制の変革に挑む政権の成立』(新評論 2020)
『現代メキシコを知るための 70 章』明石書店(編著，2019)

世界史リブレット人㊵

ビリャとサパタ

メキシコ革命《かくめい》の指導者《しどうしゃ》たち

2014年 6 月20日　1 版 1 刷発行
2025年 8 月30日　1 版 2 刷発行

著者：国本伊代《くにもといよ》

発行者：野澤武史

装幀者：菊地信義

発行所：株式会社 山川出版社

〒101-0047　東京都千代田区内神田 1 -13-13
電話　03-3293-8131(営業) 8134(編集)
https://www.yamakawa.co.jp/

印刷所：株式会社 明祥

製本所：株式会社 ブロケード

ISBN978-4-634-35075-5